中国古典の生かし方

仕事と人生の質を高める60の名言

湯浅邦弘 Yuasa Kunihiro

NHK出版新書
722

はじめに

漢字・漢文には人類の英智が凝縮されている。そのことは分かっていても、いざ漢文を読もうとすると、ページをめくる手が止まってしまう。漢文教科書にあった難解な返り点を悪夢のように思い出す。こういう方は多いのではなかろうか。

確かに、ハードルは高い。しかし、漢文世界の入り口で引き返してしまうのは、いかにも惜しい。何とかその魅力をお伝えできないか。豊かな文化の森に足を進めていただけないか。そこで本書では、平易なエッセイによって四つの古典の精華《せいか》を抽出してみることとした。

職場や家庭の中で誰もが体験するような出来事を通して、どのように漢文の教えが役立つのか。それを感じていただければ幸いである。

中国古典の生かし方――仕事と人生の質を高める60の名言　目次

―前編―

仕事や組織活動でのヒントが欲しいときに

組織論・リーダー論の最高傑作

『孫子』×『貞観政要』より

序、二冊を併読する面白さ

人が集まると組織ができ、組織が大きくなるとリーダーが求められる。リーダーは集団をまとめ、メンバーを指導してその運営に努める。一方、他の人々も別の組織を作り、またリーダーを立てる。すると、複数の組織がたがいに連携したり協力したりする一方で、時に競争や対立も起こる。そこでリーダーは、その集団内部の問題とともに、対外的な課題についても重要な判断を迫られる。

こうして、組織論・リーダー論は人類の普遍的なテーマとなった。では、この問題を明確に自覚し、その指針や解決方法をはっきり文字で記すということは、いつ頃から始まるのだろうか。

東洋の世界では、おそらく孫子《そんし》からではなかろうか。今から二千五百年前、呉《ご》の軍師であった孫武《そんぶ》（孫子）は戦争形態の大きな変化を踏まえて名著『孫子』を残した。いわゆる「孫子の兵法」である。それは、戦争という事象を通じて、人間や組織の本質を探ろうとする哲学の書であった。だから時空を超えて今も読み継がれている。

『孫子』は、将軍の備えるべき最も大切な条件として冷静な知性をあげる。この将軍を現代社会のリーダーに置き換えても、充分に通用する提言となる。また組織の真の強さは個人のスタンドプレーよりも全体の勢いにあるとする。これまた今に生きる教訓となろう。

一方、それから約千年の後、唐《とう》の時代に編纂された『貞観政要《じょうがんせいよう》』も、『孫子』とはまた異なる観点から組織とリーダーについて論じた。唐の第二代皇帝太宗《たいそう》とその臣下たちとの問答録である。

その頃、中国は儒教の国家となっていた。またそれまでに、いくつもの王朝が興亡の歴史を刻んでいた。そうした思想と歴史を背景として、『孫子』とはまた異なる観点から、リーダーの最重要の資質は何か、有能な人材をどう獲得するか、どうしたら部下はついてくるか、組織を継続発展させていく秘訣は何か。太宗たちは議論を交わした。

『孫子』と『貞観政要』は、組織論・リーダー論の二大傑作であるとともに、対照的な古典であるとも言える。二千五百年前の乱世を背景にした『孫子』とそれから約千年後の太平の世に生まれた『貞観政要』。軍師一人が思索した『孫子』と君臣問答で構成される『貞観政要』。兵家の思想を凝縮した『孫子』と儒教の理念を尊重した『貞観政要』。こうした違いは組織論・リーダー論にどのような変化をもたらしたのか、またその違いを超えて継承された普遍的要素は何か。二つの古典を併せ読むことで、その答えが得られるかもしれない。

前編では、この二冊を緩やかに対照させながら、今を生きる私たちにとって何が大切なのかを考えてみたい。

一、算多きものは勝つ

まずは勝算を立てる

「よい仕事」とはどのようなものだろうか。

一種の興奮とともに着想され、熱い気持ちで挑んだ仕事。

良い仲間に恵まれ、集団の力で支え合いながら達成できた仕事。

一過性で終わらずに、次への展開と飛躍が大いに期待される仕事。

成果が自分の利益だけではなく、社会への貢献にもなるような仕事。

今、思いつくままに書いてみれば、このようなものが浮かぶ。ただその前提として、一つ忘れてはならない大きな要素がある。それは、事前の情報収集とそれに基づく計画立案ではなかろうか。

大阪には「いらち」の文化がある。古語「苛《いら》つ」に由来する「せっかち」という意味。走り出してから考えるという創業者も多かった。それで成功した事例も多い。ただ、大きな成功、長続きする成功の前提には、入念な計画が欠かせない。

今から二千五百年前、古代中国の孫子は兵法の名著『孫子』を残した。世界最古の、また最高の兵書として今も読み継がれている。

その冒頭、『孫子』は「計《けい》」という篇を掲げ、その中で、情報収集の大切さと事前分析の重要性を力説している。

算《さん》多きは勝ち、算少なきは勝たず。而《しか》るを況《いわ》んや算無きに於《おい》てをや。吾れ此《これ》を以て之を観《み》れば、勝負見《あら》わる。

（**『孫子』計篇**）

（事前の図上演習の段階で勝算が多い者は実際の戦闘においても勝利し、勝算が少ない者は勝つことができない。ましてや勝算がまったくない者においてはなおさらである。私［孫武］はこの廟算《びょうさん》の方法によって分析するので、勝敗は事前に自ずから明らかになるのである。）

戦う前に勝利の確信が得られるのは「算多ければなり」、つまり「勝算」が多いからだと説いている。敵と味方でどちらのリーダーがすぐれているか、どちらの兵力が多いか、どちらが地の利を得ているか、どちらの指揮系統が徹底しているか、などの指標により計「算」するのである。それで明らかな勝算が立ってはじめて開戦してもよいと説く。「算」

が敵より少ないときは思いとどまるべきで、ましてや「算」がまったくないときは言うまでもないと説く。

『孫子』がことさら事前計画にこだわるのは、当時の社会情勢や戦争形態の激変があったからである。それまでは貴族戦士による小規模な戦い。適度なところで講和を結び、たがいに撤退する。ところが孫子の時代には国家総動員の大規模な長期戦となり、勝敗がそのまま国家の興亡に直結するようになったのである。一国の歩兵動員能力は数十万にふくれあがった。そこでは「いらち」による軽率な行動は許されない。

そこでまず情報の入手が大切となる。インターネットや軍事衛星はないから、間諜《かんちょう》（スパイ）のもたらした情報ということになる。ここにお金を惜しんではならないと孫子は言う。目に見える大きな「物」にではなく、目に見えない「情報」にこそお金を使うべきだと説いている。そして情報分析の際には、忖度《そんたく》や情緒や期待を持ち込んではならないとも言う。誰もが納得できるように数値化した上で、客観的に是非を判断する。

こうした思考を『孫子』は二千五百年前に披露《ひろう》しているのである。高度情報化社会と呼ばれる現代にもそのまま通ずる思想だと言えよう。情報を精査し、計画を立てる。「いらつ」のはそれからである。

「主」の利を得て勝つ

桜が咲く頃になるとプロ野球が開幕する。サッカー人気に押されてやや分が悪いが、やはり今も国民的スポーツであろう。

大阪では、何と言っても阪神タイガース。球場近くの商店街では、はやばやと「マジック143」の看板が掲げられるという。

それはそうでしょう。年間百四十三試合なのだから。全勝すれば必ず優勝である。

熱狂的なファンに支えられて春先は調子がいいが、優勝を逃した年はいつも夏場に失速する。その原因は「死のロード」。高校野球のために甲子園球場を明け渡して、遠征が続くのである。

プロ野球は、自分のホーム球場で半分、残りの半分は他球団の球場で行われる。

ホームでは、芝やグランドの感触、外野フェンスの高さや形状、ファールゾーンの広さ、ピッチャーマウンドの傾斜など、熟知した環境で試合ができる。また何より自宅から通えるという利点がある。

これに対してロードでは、不慣れな球場に加えて、ホテル住まいで体力も消耗する。どうしてもホームが有利となろう。

これは数字が実証している。阪神タイガースが十八年ぶりに「アレ（リーグ優勝）」、三十八年ぶりに「アレのアレ（日本一）」を成し遂げた二〇二三年は、ホームで四十五勝二十三敗、ロードでも四十勝三十敗と大きく勝ち越した。

その前年にセリーグ優勝した東京ヤクルトスワローズは、一転して、ホームで三十六勝三十六敗とかろうじて五分。しかしロードで二十一勝四十七敗と大きく負け越した。

ここから言える優勝の方程式は、ホームでしっかり勝ち越すこと、そして、ロードでも大きく負け越さないということである。

古代中国を代表する兵法書『孫子』でも、これは大きな注目点となっていた。

自国の根拠地に陣取る方を「主」、他国へ遠征する方を「客」と定義し、客の方が圧倒的に不利であると説く。

明治時代の日露戦争で、日本海軍がロシアのバルチック艦隊を日本海で撃破したのは、この主と客の関係で説明されることが多い。地の利を得た勝利ということである。

これは戦争やスポーツに限ったことではない。グローバル化した現代社会においては、多くの仕事が広域化している。商談や契約はこちらで進めるのが肝要。ふらふらと相手の陣地に出向いてはならないという教訓になろう。

とは言え、どうしても出かけなければならないということもある。そのときの留意点は何か。『孫子』は充分な事前視察と情報分析をあげている。それは敵地の状況だけではない。

表面上の対立・交渉は一対一であるとしても、実は複数の組織が水面下で関与しているのではないか。そうした洞察がないまま安易に同盟を結んではならないと警告する。

諸侯の謀《はかりごと》を知らざる者は予《あらかじ》め交わること能《あた》わず。（『孫子』軍争《ぐんそう》篇）

（まわりの君主たちの計謀が分からないのでは、安易に同盟を結ぶことはできない。）

ロードにおける情報収集とそれへの対応。『孫子』は、「主」の立場で地の利を得ることに加え、これが勝利の秘訣だとするのである。

ライバルよりも先に知る

今から百十年ほど前、ハレー彗星《すいせい》が現れ、世界中で大騒ぎになった。時に日本は明治四十三年（一九一〇）。フランスの天文学者がこの年の五月十九日にハレー彗星が地球に衝突すると語ったとされ、新聞紙上を賑わした。しかし、その日は何の変事もなく、この騒動はあっけなく収まったという。

これに類する天体現象は古来たびたび生じている。古代中国では、天文学が高度に発達し、日蝕《にっしょく》や月蝕《げっしょく》の原理も分かっていたが、それにもかかわらず、星が欠けるという現象を不吉なことと考え、その都度お祈りやおまじないが行われた。

また、彗星をはじめとする異様な現象は、戦争や疫病《えきびょう》の予兆として恐れられていた。それらによって未来がどうなるのかを知りたいという願いから天文学が発達したと言ってもよい。

ただし、天体は、声に出して何かを語ってくれるわけではない。その意味を説き明かす必要があった。

これに対して、直接未来を語ってくれるものもいた。それが「鬼神《きしん》」である。鬼神とは、死者の霊魂の意味。古代中国では、この鬼神が夢枕に立ったり、白昼堂々現れたりして直接言葉を告げるとされた。

孔子《こうし》は「鬼神を敬《けい》して之《これ》を遠ざく」（『論語』雍也《ようや》篇）と言い、そうした神秘的なものについては畏敬《いけい》の念をはらいながらも、決して身近な存在とは考えなかった。ここからできた熟語が「敬遠」である。

また、戦争について論じた孫子も、鬼神や天体を鵜《う》呑《の》みにしてはならないと説いた。

先知《せんち》なる者は、鬼神に取るべからず。　**（『孫子』用間《ようかん》篇）**

（先に知るとは、鬼神のお告げに頼ることではない。）

「先知」とは予知。事態が生じる前に察知するという意味である。

仕事において、ライバルより先にものごとを知るというのはきわめて重要である。事業の成否を決すると言ってもよい。

しかしそのために、鬼神のお告げとか、天のめぐりなどを信じてはならないのである。

ではどうするのか。それは人の知性によって得られた情報に基づくほかはない。右の孫子の言葉は、『孫子』十三篇の末尾「用間篇」に記されている。孫子は、情報が勝敗を左右すると考え、この篇で集中的に間者（スパイ）の活用を説いたのである。

パソコン、スマホ、軍事衛星などのなかった時代、遠く離れた敵の実情を知るためには、間者を潜入させるほかなかった。

孔子や孫子が活動したのは今から二千五百年ほど前である。挙兵の際には、占いによって勝敗を予測するのが当然のこととされていた。そのような時代に、孫子は突出した合理的精神で情報の重要性を説いたのである。

これは今では常識なのかもしれない。しかし、科学の時代を生きる我々も、困ったときの神頼みはよくあることである。

神秘的なものにすがったり、それに畏敬を覚えたりするのは、よく言えば、心を励まし、また抑制させる効果がある。

ただ、それだけに捕らわれてしまうと、冷静な判断は星くずのように砕け散ってしまうだろう。

二、彼を知り己を知る

己を知ることの難しさ

オンラインの会議や授業が増えて、はっと気づくことがある。普段は見えない自分の顔や仕草がパソコンの画面に映ってよく分かる。こんな難しい顔で会話をしていたのか、こんな妙な癖《くせ》があるのかと反省することしきりである。

これは、他人と自分が同一画面上に並置されることによってはじめて自覚されることだ。対面の方がいいというのは当然ではあるが、この点においてオンラインには大きな意義があると言えよう。

こうした彼我《ひが》の比較について、二千五百年前の『孫子』の兵法は、こう説いている。

彼《かれ》を知り己《おのれ》を知れば、百戦して殆《あや》うからず。

（『孫子』謀攻《ぼうこう》篇）

（相手の実情を知り、また自分の実態を知る。そうすれば、百たび戦っても危ういことはない。）

相手のことをよく知り、そして自分の実力についてもよく理解している。そうであれば、何度戦っても危険な目にあうことはないという。勝敗は、彼我の相対的戦力差によって決まることを『孫子』は鋭く指摘したのである。

この『孫子』は日本にも早くに伝わり、戦国武将たちもよく読んでいた。武田信玄が『孫子』の言葉に基づいて「風林火山」の旗頭を立てていたのは有名な事実である。

では、日本が近代化をとげていく中で、『孫子』は正しく理解されていたのだろうか。

戦後、昭和天皇は、太平洋戦争の敗北を受けて、その敗因がどこにあったのかを侍従《じじゅう》たちに語っている。その第一の敗因としてあげられているのが、『孫子』の「彼を知り己を知る」という精神を体得していなかったということである。日本人は古くから『孫子』を読んでいたにもかかわらず、実はその根本のところを理解していなかったという反省である。

米英という巨大な敵に対して日本はなぜ無謀な戦いを挑んでしまったのか。「彼」を知らなかったからであろうか。

ところが、当時の日本の軍部や政府首脳は、米英の軍事力・経済力、石油の備蓄を含む物量については、よく理解していた。すでに明治時代の終わり頃には、アメリカが総兵力一万もの部隊をハワイに駐屯させ、ダイヤモンドヘッドに砲台を築いていることも知っていた。真珠湾奇襲攻撃は直前になってから立案されたのではなく、こうした「彼」の実情把握から充分に練り上げられたものだったのである。

むしろ問題だったのは、「己」を知らなかったということであろう。圧倒的に力が劣っていることを知りながら、それを精神力でカバーできる、頑張っていればいつか神風が吹く、といった楽観的な見通しが、開戦に踏み切らせたのである。

戦後八十年、幸いに戦争のない日本に生きている我々には、この『孫子』の言葉は無縁なものであろうか。いや、そんなことはない。仕事も人生も一つの戦いだとすれば、「彼を知り己を知る」ことは最も重要なことである。

ただ、この「彼」を、対戦相手に限定する必要はない、「ライバル会社」や「顧客」など広く「他者」に置き換えてもよいだろう。今は、高度情報化社会である。「彼を知る」ことは比較的に容易なのではなかろうか。より難しいのは、何より「己を知る」ことであろう。

自分自身を見失わないように

タレントや歌手の名前、本や映画のタイトル。喉《のど》まで出かかっているのに思い出せず、

「ほらー、あれあれ。あれだよ」。

勤務先ではあまりないのだが、家庭では気が緩んでいるせいか、家族との会話ではしばしばこうなってしまう。

古典落語「粗忽《そこつ》長屋」は、浅草で行き倒れになった男の死体をめぐる笑い話。

お前は昨日浅草で倒れたのを忘れて帰ってきたんだよと長屋の隣人に諭《さと》されて、自分は死んだと思い込み、死体を受け取りに行く粗忽な男。

その死体は自分だと言い張り、周囲が唖然《あぜん》とする中、担いで帰ろうとする。抱かれているのは確かに俺だが、抱いているのは誰だろうなあ、というオチで笑わせる。

さすがにこれはひどい忘れぶりであるが、あくまで落語の中の滑稽話。

この「失念」ということを国家の衰退に関わる大問題として説いたのが『貞観政要』で

ある。
唐の太宗はそれまでの中国史を振り返り、周《しゅう》王朝や漢《かん》帝国のように長く続いたものもあれば、秦《しん》や隋《ずい》のようにあっけなく亡んでしまったものもあると説く。そして、天下を得たときの事情にそれほどの違いはないのに、どうしてその後、このような大きな違いになってしまうのかと嘆いた。
すると、一人の臣下が次のような故事を紹介する。
昔、魯《ろ》の哀公《あいこう》という殿様が孔子に向かってこう言った。「世の中には物忘れのひどい人がいる。転居したときにその妻を旧宅に置き忘れたそうだ」と。
すると孔子はこう答えた。「いやいや、もっとひどい物忘れをする人がいます。暴君として有名な桀《けつ》・紂《ちゅう》は、自分自身を見失っていたのです」と。

丘《きゅう》（孔子）、桀紂《けっちゅう》の君を見るに、乃《すなわ》ち其の身を忘る。

（『貞観政要』君臣鑑戒《くんしんかんかい》篇）

（私［孔丘］が桀・紂の君を見るところ、彼らは自分自身を見失っていたのです。）

夏《か》王朝の桀王は暴虐《ぼうぎゃく》と贅沢《ぜいたく》の限りを尽くし、肉を山のように盛る宴会のさまは「肉山《にくざん》脯林《ほりん》」と呼ばれた。また、殷《いん》王朝の紂王も同様で、こちらの宴会は「酒池肉林」で有名である。ともに王朝滅亡を招いた暗君の代表。

孔子に言わせれば、彼らこそ物忘れの極致だったのである。王が自分自身を見失っては国家の運営どころではない。

この故事に託して臣下が言いたかったことは明らかだろう。自分を忘れ、後の人から笑われるような王になってはならないという諫《いさ》めである。

唐の直前の隋は、中国の歴史の上で偉大な業績も残している。何より、それまで数百年間、三国時代や南北朝時代と呼ばれ分裂していた中国を久々に統一した功績は大きい。また、中国の北部と南部をつなぐ大運河を開削した。これによって政治を中心とする黄河流域と経済を主体とする長江流域とがつながった。

官吏《かんり》登用試験「科挙《かきょ》」も隋代に始まっている。これにより、家柄に関係なく、真に実力ある人の立身出世が可能となった。

当時の日本（倭《わ》国）はこの隋を先進国として仰ぎ、使節団を派遣する。小野妹子《おののいもこ》も任命された遣隋使である。都市の造営、各種制度、文化、科学。多くの見本はこの隋にあった。

しかし一方で、隋は朝鮮半島を制覇しようと無謀な大遠征を繰り返し、異民族の侵入に備えて、万里の長城を大規模に増築しようとした。

これらには、いずれも数十万から百万もの人々が駆り立てられた。不満が爆発し、内乱によって隋はわずか三十年で滅亡する。

我を忘れていたのは、太古の桀・紂ばかりではなかった。直前の隋も同様だったのである。

古来、中国では、『孫子』の兵法が語るとおり、自分自身を知ることが実は最も難しいとされていた。「彼を知り己《おのれ》を知れば、百戦して殆《あや》うからず」とは、相手とともに自己を知ることが大切だと説いたものである。情報通信機器の発達した現代においては、「彼」の情報は比較的容易に入手できる。難しいのは「己」を自覚し、忘れないことであろう。

商いの根本は道徳にあり

大正十一年（一九二二）は、小生ら、ごく一部の漢学関係者には感慨深い年である。

儒教の祖孔子が亡くなってから二千四百年にあたるとして、日本でも、東京の湯島聖堂、栃木の足利《あしかが》学校、大阪の懐徳堂《かいとくどう》、佐賀の多久《たく》聖廟など漢学関係の教育機関で孔子祭が盛大に行われた。

二千四百年とは中途半端に感じられるかもしれないが、なかなかどうして、これが大変意義深い。干支《えと》と深い関わりがあるからである。

干支とは、十干《じっかん》と十二支《じゅうにし》を組み合わせて年や月日などを表す数詞《すうし》で、すでに殷の甲骨文にも見える。年の場合、六十年で一めぐりするから、六十歳を「還暦《かんれき》」というわけであるが、二千四百年とは、この干支が四十回めぐるという大きな節目なのである。

令和四年（二〇二二）はそれからちょうど百年後であった。孔子没後二千五百年にあたる。そのことに身の震えるような感動を覚えたのは、小生ら、ごく一部の専門家のみではあるが。

ちなみに、干支のはじめは十干の「甲」と十二支の「子」を組み合わせた「甲子《きのえね》」。これはとても縁起が良いとされ、大正十三年（一九二四）、甲子の年に竣工した兵庫県西宮市の野球場が甲子園と命名され、〝虎〟の聖地となっているのは周知の事実である。

こうして日本にも孔子や干支の思想は影響を与えているのであるが、特に孔子の唱えた「仁」や「義」などの道徳は二千年以上にわたって重視されてきた。
孔子の時代からは千年ほど後の『貞観政要』も次のように言っている。

仁義《じんぎ》を以て治《ち》を為す者は、国祚《こくそ》延長なり。

（**『貞観政要』論仁義《ろんじんぎ》篇**）

（仁義を根本として政治を行う者は、国の福運も長い。）

ここでは仁義が政治の根本であると説かれていて、しかも政権の長さを仁義が保証すると論じられている。
念頭にあったのは、短命で亡んでしまった秦帝国や直前の隋王朝であろうか。始皇帝や煬帝《ようだい》は中国を代表する暴君だとされる。
特に始皇帝が行った思想弾圧「焚書坑儒《ふんしょこうじゅ》」は、政権に都合の悪い書籍を焚《や》き、学者を穴埋めにするというもので、悪政の象徴とされる。短命で終わったのも当然であろう。
王の人格と国の長さが比例するとの考えは、伝統的な儒教的倫理観からくるもので、そのルーツは他ならぬ孔子の思想にあった。

ただここで注意したいのは、まず、孔子が仁義を説くからと言って、古代中国が素晴らしい道徳的世界だったというわけではないという点である。

事態はむしろ逆で、それまで暗黙のうちに共有されてきた美徳が侵略戦争の多発や下《げ》剋《こく》上《じょう》の風潮で崩壊しつつあったからこそ、孔子はそれではいけないと仁義の大切さを力説したのである。

もう一つは、近世や近代の日本では、これが政治や学問としてだけではなく、商業活動の基盤として重視されたということである。

商《あきな》いの根本は何であろうか。近世の大坂商人なら、「そりゃ信用でっせ」と言うに違いない。「天下の台所」と呼ばれた商業都市では、この信用が何より重視された。

ただそれは、単に法令を遵守《じゅんしゅ》しているというような意味ではない。法を守る、法令に抵触しない、というのは当然のことであり、これに加えて、言わば「心意気」が求められた。

それを現代の言葉で表せば「道徳」となり、中国古代の思想で言えば「仁義」などの人倫となる。

孔子の言う「仁」は他者への思いやり。それは法律にそう書いてあるというものではない。誰かに強制されるわけではないものの、そうしなければならないという本能的な慈愛の心である。また「義」も法の正義という意味以外に、時には採算を度外視した「義《ぎ》侠《きょう》心《しん》」というものも含むであろう。

こうした心意気に支えられた信用こそが日本の商いの根幹を支えてきたのである。

言葉の重みと責任

「まこと」の意を表す「信」という字は、「人」（にんべん）と「言」からなる。人がはっきりと言葉で述べることこそ「信」であるとの意識がこの漢字に込められていよう。

我々文系研究者も自室にこもって論文を書くだけが仕事ではない。授業や会議、研究会や講演など、多くの人の前で自分の言葉で話す機会も多い。

ただいずれにしてもこれまでは、閉ざされた空間の中で特定の人に向かって話していたのであるが、オンラインの普及によって様子が変わってきた。

誰でもキャスターになれるし、あらゆる場所が放送局となる。言葉の重みは格段に増しているが、はたしてどれほど自覚されているだろうか。特に、しかるべき地位にいる人の言葉は重い。「信」であるのは当然で、加えて人々を戒《いまし》めたり励ましたりする突出した力を持っている必要がある。

こうした言葉の重みを力説する古典がある。帝王学の最高傑作とされる『貞観政要』である。

唐の第二代皇帝太宗李世民《りせいみん》と臣下たちとの問答形式によって、帝王や臣下のあるべき姿を追求した名著である。「貞観」とは太宗時代の年号で、中国史上ではめずらしい太平の世だったので、「貞観の治《ち》」と呼ばれる。「政要」とは政治の要諦《ようてい》（ポイント）という意味。

太宗の在位は六二六年から六四九年までなので、日本の歴史では推古《すいこ》天皇の頃、または遣唐使の頃と言えば分かりやすい。

『貞観政要』で太宗はこう述べている。

言語は、君子《くんし》の枢機《すうき》なり。談《だん》何ぞ容易ならんや。

（『貞観政要』慎言語《しんげんご》篇）

（言葉は君子にとって枢機［最も大切なもの］である。談義《だんぎ》は決して簡単なものではない。）

この「言葉」とは、特に話し言葉のことである。「談義」も人との会話である。それはなぜ大切なのであろうか。また、容易ではないと言うのはなぜだろうか。太宗は続いて、こう述べる。

「一般庶民でも、一言《ひとこと》でも良くないものがあれば記録され、恥とわざわいのもとになる。一国の君主であればなおさらだ」

つまり、発した言葉はもとには戻らないということである。特に国の命運を左右する君主ともなれば、その影響力は計り知れない。そのことを太宗は臣下たちとの問答で明らかにしていく。

ここで注目されるのは、この『貞観政要』が問答形式で構成されているということである。振り返ると、『論語』『孟子《もうし》』『孫子』など、中国古典の代表作は、みな「語り」の形式で編纂《へんさん》されている。『論語』なら「子曰《いわ》く」、『孫子』なら「孫子曰く」で始まる。

もちろん、文章語になるよう編纂者の手が加わっていて、テープ起こしをしたように話し言葉をそのまま記録したものではなかろう。それでも、これらの古典がそろって「語り」の形式になっているのは、当時において文章よりも声の方がずっとインパクトがあったからだろう。孔子の思想は、聴いても良く読んでも良かったから今に残っているのである。

この伝統は、その後も引き継がれた。すでに大量の文字資料が蓄積されていた唐の時代にあっても、「語り」「問答」の形式が重視されたのである。

日本でも、明治時代以降、文書行政が定着し、重要なことは文書で伝え、残すようになった。実業界でも「信」を保証するのは文書であろう。

しかし、「語り」「問答」の伝統は、教育の世界では今も残っている。入試における面接、卒業論文の口頭試問はその典型であろう。筆記試験と論文によって評価をしてもよさそうなのに、なぜわざわざ対面で言葉を交わすのか。我々が忘れかけている言葉の力が試されているのである。

いや教育界だけではない。多くの仕事もそうだろう。もう一度、声の力と責任について考えてみたいものである。

読書の時間を作り出す

コロナ禍《か》は世界を苦境に陥《おとしい》れたが、大学では、自粛生活によって読書の時間が増えたという学生もいる。

小生、読書の楽しみを学生諸君と共有したのは、就職して間もない三十代前半の頃だった。正規の漢文の授業を終えた後、続いてゼミと称する課外の勉強会。夕方になっても興奮冷めやらぬ面々は、さらに残って雑談を交わすことになる。学内情報、政治経済、芸能、映画、そして話題の本へと続く。それならいっそ、実際にその本を持ち寄って回覧しながら批評し合おうということになった。

ルールは至って簡単。学部生は二週間に一冊、大学院生は一週間に一冊、小生は一週間に二冊以上を原則に、仲間に紹介するに足る本なら何でもよいとした。

お茶を飲みながら至福のひとときが始まった。当番を決めて簡単なメモもとった。中には、大学生として恥ずかしいと思われるようなものもあったが、皆をうならせる良書もあった。

取り上げた本はいつしか二百冊を超えていた。読書を共有する楽しみを知り、またそれらの本を通して、人間や世界に対する認識が深まっていくのを感じた。

読書の大切さについては『貞観政要』もこう述べている。

「君臣父子や政治教化の道は、すべて書物の中に記されている」

唐の太宗は、もともと武人として活躍し、言わば馬上に天下を取った人である。読書をする余裕がなかった。唐王朝を築いた後、それを大いに悔やんだのである。

ただ、依然として政務に多忙をきわめ、自ら書物を手にする時間がない。そこで、臣下に音読させてそれを聴くことにしたという。

中国の古典は、ある特定の分野に関するマニュアル本ではない。君臣や親子のあり方、政治・教化の方法がすべて記されている。少し大げさに言えば、王朝盛衰の歴史と人間の運命に注目しつつ、世界とは何か、人間とは何か、と深く洞察した哲学の書なのである。

だから太宗は、若い頃、読書不足であったことを痛切に反省し、こう述べた。

学ばざれば牆面《しょうめん》す。　**(『貞観政要』論悔過《ろんけか》篇)**

(勉強しなければ垣に向かって立っているようなものである。)

垣に向かって立つというのは、もともとは『書経』の言葉。それでは何も見えないという意味である。目の前の垣根を取り払ってくれるもの、未経験のことについても判断力を養ってくれるもの、それこそが読書なのである。

ただここで興味深いのは、太宗が自身で黙読したのではなく、臣下の音読を聴いたとされていることである。

そもそも読書とは音読なのか、黙読なのか。もちろん両方とも行われていたが、現代人が読書を黙読だと思い込んでしまうのはやや早計だと言える。

江戸時代の藩校や私塾でも、先生の講釈のほか、会読《かいどく》と呼ばれた教学スタイルがあった。当番を決めて担当者が本を音読し、その解釈をめぐって皆で討論するもの。さらに素《そ》読《どく》もあり、これは初学者が先生の音読に従ってそのまま声にあげる方式である。

声に出すのは自身の記憶の定着にも役立ち、また知識や感動を他人と共有することもできる。

ところで、小生の読書会の成果は、毎回のメモをもとにワープロで清書し、簡易印刷・製本することになった。タイトルは、中国の故事に基づき「董遇三余《とうぐうさんよ》」とした。

三国時代の魏《ぎ》の董遇は、読書をする暇がありませんという門人たちの嘆きに、三余を使って読書せよと諭した。三余とは、一年の余りである冬、一日の余りである夜、そして季節の余りである雨の日、の三つである。

忙しいというのは現代人の言い訳であろう。探せば「余」は必ずある。太宗も苦心して読書の時間を見いだした。読書タイムは誰かが提供してくれるものではない。自ら見つけて作り出すものなのである。

三、人こそ城

有能な人材とは

世界遺産「万里の長城」は、地球上で最も大きな建築物だとされる。数千キロにわたる人工施設は、確かにこれ以外にはないだろう。

ただ誤解もあるようだ。秦の始皇帝が造ったと思われていること、また、観光地として公開されている北京北郊の八達嶺《はったつれい》長城がその代表だとされていることである。

人間は、素朴な狩猟生活から共同体による農耕の時代へと移っていった。それによって食糧と富の蓄積ができ、人々の暮らしは豊かになった。しかし同時に、その富やリーダーをめぐる争いが起こり、また他の共同体との対立も生じてきた。

そこで、共同体の境界を示す手段として、はじめは小さな溝《みぞ》が掘られ、盛《も》り土《ど》による低い壁が築かれた。

やがて国家が成立し、抗争が起こってくると、諸国はそれぞれの要衝に城を築き、その城壁を国境線に沿って延長していった。

それをつなげて増設し、「万里」としたのが秦の始皇帝である。長城は始皇帝の発案ではないが、その規模を「万里」としたのは確かに始皇帝であった。

小生がはじめて万里の長城に行ったとき、あまりの観光客の多さに驚いた。東京ディズニーランドも顔負けである。城壁の幅も広く、その上を十人が悠々と横に並んで歩くこともできる。

だが待てよ。こうした規模の長城が数千キロも続いているのだろうか。実は、小生をはじめ、多くの人が万里の長城だと思い込んでいるのは、明《みん》代の終わり頃に大規模な修復が施されたもので、世界遺産として観光客に公開されているのは、八達嶺長城のごく一部なのである。

ともあれ、こうした巨大な構造物は確かに国家防衛に役立ったであろう。他のいくつかの長城に行ってみて小生が実感したのは、防衛施設としての役割だけではない。

長城には烽火《のろし》台も併設されていて、ここであげられた烽火の情報が驚きの速さで都《みやこ》に到達する。通信施設としての意味もあった。

また、山稜に沿って延々と続く長城を敵が仰ぎ見ると、もうそれだけで勝てないと萎縮してしまうのではないか。つまり、抑止力としても機能していたと考えられるのである。

だからこそ歴代王朝は、実際の戦闘のあるなしにかかわらず、その拡充に努めたのである。

ところが、『貞観政要』の時代に事態は一変する。唐王朝は不思議なことに長城建設に消極的であった。それはなぜだろうか。

まず唐の太宗の意見を聴いてみよう。太宗はあるとき、おそばに仕える臣下たちに次のように言ったという。

唐の前の隋王朝は、ひたすら遠く長城を築き、辺境に多くの兵士を駐屯《ちゅうとん》させた。これは知性が困惑していたのである。私は、有能な将軍に辺境の統治を任せたいと。


(『貞観政要』任賢《にんけん》篇)


豈《あ》に数千里の長城に勝《まさ》らざるや。

(〔有能な人材は〕どうして数千里の長城に勝らないことがあろうか。)


つまり、長城建設よりも大切なのはすぐれた人材だと言うのである。直前の隋は数十万の人々を長城建設に駆り立てた。それにより財政は悪化し、人々は疲弊《ひへい》した。異民族の侵入に備えるはずの長城が逆に国家の経済を破綻《はたん》させ、内乱を誘発し、滅亡を早めたのである。

そこで太宗は、そうした失敗を繰り返さないように長城建設をやめ、「人こそ城」という意識改革に努めたのである。

国際都市長安《ちょうあん》に象徴されるように、唐王朝が西域との交流を盛んにしたグローバル国家だったということも影響しているだろう。

明治時代の日本でも、はじめは西洋の都市を手本としてインフラの整備が進められた。鉄道、港湾、道路、水道、電気、ガス。

ただそれらが一段落すると、本当の都市の威厳とは何かという課題が浮上してくる。そこで重視されたのは、文化と教育であり、そこから生み出される人材であった。

立派な設備は業務の基盤として大切である。しかし、より重要なのは、その中で働く人に他ならない。

新人の伸びしろを見つける

入試シーズンが終盤を迎えている。企業でも学校でも、すぐれた人材をどのように獲得するかは大きな課題である。

大学では通常の筆記試験に加え、小論文や面接を主体とした入試も導入するなど、制度改革に努めてきた。

なぜ入試を多様化させるのか。筆記試験だけでは、受験生の意欲や態度が充分に分からないと考えるからである。そこで、高校時代にどのような部活をしたのか、留学やボランティアの経験はあるのかなども含めて、さまざまな角度から問おうとするわけだ。

ただ、筆記試験との公平性は担保されているのかというと、それはなかなか難しい。また、入試はもちろん大切であるが、それ以上に重要なのは、入ってきた学生個々の「伸びしろ」を見つけて、そこを充分伸ばすよう指導するということではなかろうか。これは、大学で約三十年間教育に関わってきた小生の実感である。

そして、伸びる学生に共通するのは、誠実で嘘をつかず、素直で謙虚だということである。独創的な研究を尊ぶ大学としては意外に聞こえるかもしれないが、誰でもはじめは基礎を学ぶ必要がある。小生の専門とする古典学などは数百年にわたる研究の蓄積があり、まずは先人の業績を謙虚に学ぶところから研究はスタートするのである。これらの資質は不可欠である。

もっとも職種や組織によっては大きな違いがあろう。ただいずれにしても、入試や採用試験がゴールなのではなく、個々の資質をいかに育てていくかが大切なのである。
中国では古来、理想とする人物像はさまざまに説かれてきた。戦乱の時代には武勇すぐれた人ということになるが、文治主義を掲げるようになると、やはり道徳性が第一となる。たとえば唐の時代、「貞観の治」と呼ばれる太平の世を築いた太宗は、虞世南《ぐせいなん》というすぐれた臣下の資質を五点あげている。

一に曰《いわ》く徳行《とっこう》。二に曰く忠直《ちゅうちょく》。三に曰く博学《はくがく》。四に曰く詞藻《しそう》。五に曰く書翰《しょかん》。

（『貞観政要』任賢篇）

（「虞世南の秀でた資質とは」「道徳的な行動」「忠実で実直」「博学」「詩文の才」「すぐれた書簡」の五つである。）

時代はすでに儒教を国是《こくぜ》としていたから、道徳性や忠誠が問われるのは当然だろう。加えて、博学や詩文の才も重視された。これは、中国の官僚が科挙によって採用された文人であることによる。政治家は名詩や名文も書けるというのが理想とされた。太宗が高く評価する虞世南も、書家として名の通っている人である。

五つ目の「書翰」というのは、手紙のことであるが、これが特にあげられているのは、これでしくじる人が多かったからであろう。現在では、メールやSNSへの不用意な投稿ということになろうか。職場では気が張り詰めているので公式文書には慎重になるが、それ以外のところで思わぬ失態を演じてしまうということである。

ともかく、これら五つの才能を虞世南は備えていたという。今では、このうち一つでもあれば高く評価されるであろう。

ただし『貞観政要』は、人材登用に際して、さらに二つの注意点を指摘している。

一つは、その時代の中から人を採ること。あまりに理想が高すぎると、採用基準が現実離れしてしまう。時代とともに求められる人物像は変わっていくのだから、『論語』や『孟子』に書いてあるような理想の君子を求めるばかりではいけないということである。

もう一つは、自薦を信用しないということ。これは衝撃の発言である。現在の就活ではエントリーシートに自己推薦文を積極的に書くよう求められる。ただ、太宗の時代は、隋王朝が滅んでからまだあまり時が経っていない。職を失い仕官を求める連中がごろごろしていた時期である。そのような中では、売り込み文句にだまされてはならないということであろう。

さて、今年の入試を経て、どのような学生が入ってくるのか。個々の「伸びしろ」を見つけるのが小生の大切な仕事である。

補佐役がいてこそのリーダー

百年余り前の墨跡（書）の解読を依頼された。数年前から行っている鹿児島県西之表《にしのおもて》市の文化財調査に関わるもので、「種子島聖人《たねがしませいじん》」と称された前田豊山《ほうざん》という明治時代の漢学者の書である。

種子島は鉄砲伝来の地、現在は宇宙ロケット発射基地があることで知られるが、縄文時代の古代遺跡から近現代の文人の資料まで多くの文化財にあふれている。

その書は、雄渾《ゆうこん》な筆跡で「立誠《りっせい》」と大書してあった。「立」は小学校一年生で必修の学習漢字、「誠」は六年生の配当漢字であるから、この二字は読めて当然であろう。

ただ注意したいのは、「誠」の画数。現在の字体では、「言」（ごんべん）七画と旁《つくり》の「成」の六画で計十三画となる。しかし、「成」の内側の一画で書く部分「𠃌」が実は二画の「丁」なので、正しくは計十四画の漢字となる。さすが豊山先生の書はきちんと十四画で書かれていた。

それはともかく、小学生でも読める二字熟語ではあるが、どのような意味を込めて書いたものなのか、そこまで分かってはじめて読めたと言えるであろう。

「誠」は、うそのない誠実な言動を意味し、中国の古典では、『中庸《ちゅうよう》』が特に力説する重要概念である。『中庸』では、それが天に由来する正しい道であり、それを実践するのが人の道であるという。

幕末の新選組がその羽織や隊旗に「誠」字を染めぬいていたことはよく知られている。また、明治時代になっても、新渡戸稲造《にとべいなぞう》の『武士道』は、すでに実在していなかった美しき武士の精神として、この「誠」をあげている。

豊山の書も、そうした「誠」の大切さを説いているのであるが、不思議なことに、『論語』や『孟子』の時代の古典には「立誠」という二字熟語は見えない。

では、「立誠」はどこからきた語なのか。

古代中国の戦乱を秦の始皇帝が統一し、その秦がわずか十五年で滅びると、劉邦《りゅうほう》の漢帝国が長期政権を打ち立てた。その際、賈誼《かぎ》という有名な臣下が、補佐役の必須の条件として「立誠」をあげているのである。

組織の運営は、リーダーにかかっているとはいえ、それを支える人たちの協力も重要である。特に、右腕《みぎうで》と称される補佐役がいるかどうか。これは決定的だとも言える。

そこで『貞観政要』も、補佐役について、こう述べる。

危《あや》うくして持たず、顚《たお》るるも扶《たす》けずんば、焉《いずく》んぞ彼《か》の相《しょう》を用いん。（『貞観政要』政体《せいたい》篇）

（危ういのに手をさしのべず、倒れそうになっているのに支えないのであれば、どうしてそのような補佐役を用いる必要があろうか。）

リーダーは超人ではない。時には苦しみ、倒れそうになることもあろう。そのようなとき、それを支えてくれる人こそ真の補佐役だというのである。官職だけは立派な大臣でも、危急の折に手を差し伸べず、保身に走るようでは補佐役とは言えない。

唐の太宗は、強力なリーダーシップを持っていたが、多くの有能な臣下にも恵まれていた。自分を支えてくれる補佐役がいるからこそ順調な政権運営ができるという明確な自覚があった。

前田豊山の書も、この補佐役の誠という意味を込めているのではなかろうか。

明治維新となり、版籍奉還《はんせきほうかん》、廃藩《はいはん》置県《ちけん》が断行された際、前田豊山は、島主の種子島氏と島民たちとの良好な関係がそのまま護持できるよう、ときの実力者西郷隆盛に直談判したことで知られている。

西郷が「そげんこと今更《いまさら》でき申さん。種子島が反対なら、討つまでじゃ」と迫ると、豊山は「君臣惜別よりのお願いで、種子島がこれに反するなど毛頭なし」と毅然《きぜん》として反論し、西郷を説得したという。

豊山は、まだ幼かった種子島守時《もりとき》の後見人となり、生涯にわたってその苦難を支えた。「立誠」とは、漠然と誠の重要性を説いたものではなく、自らの人生とその思いを筆に込めた書だったのである。

君主は舟、万民は水

出張で飛行機に乗る機会がある。日本の航空機の定時運航には毎回頭の下がる思いがする。まるで鉄道のような正確さだ。

海外の空港ではこうはいかない。定刻を過ぎても何のアナウンスもなく、少々の遅れは当然、今日中に飛べば文句はないでしょうといった風情である。

外国の某空港で、二時間以上遅れて搭乗が始まり、機内に入ってからまた一時間動かない。さすがに怒り出す乗客もいて、それをなだめるためか、飛び立つ前に機内食が提供されたこともある。

たとえ五分の遅れでも、繰り返しお詫びのアナウンスがある日本の空港では、クルー、機体整備、清掃、搭乗手続きや誘導の地上スタッフが緊密な連携を取って定時出発を可能にしているのではないか。一機を定刻に飛ばすための見事なチームプレーで、組織連携の見本とも言える。

学びとは、何も机の上で難しい本を読むことだけではない。世界のあらゆる事象が学びの機会となる。

『貞観政要』で、唐の太宗は特に太子教育を念頭においてこう述べている。

「私には子どもたちに教育をする余裕がなかった。ただ、近ごろ皇太子を立てたので、ことあるごとに必ず教え諭すようにしている」

多忙を極めていた太宗は、幼いわが子に自ら教育する時間がなかった。その反省を踏まえて、さまざまな場で太子に教え諭しているという。それはごく身近なことがらである。たとえば食事のとき、この米は農民の艱難辛苦《かんなんしんく》のたまものだ。民の農業の時を奪ってはならないと説いた。

また太子が馬に乗るのを見て、馬は人間の労苦に代わってくれるものだ。時おり休ませ力を出し尽くさないようにせよと助言した。

また舟に乗るのを見て次のように諭した。

水は能《よ》く舟《ふね》を載《の》せ、亦《ま》た能く舟を覆《くつがえ》す。

（『貞観政要』教誡太子諸王《きょうかいたいししょおう》篇）

（水は舟を載せることができるが、一方ではまた舟を転覆させることもできる。）

舟は君主、水は万民であろう。このたとえは、諸子百家《しょしひゃっか》の『荀子《じゅんし》』に見える古語である。人の上に立つ人は、多くの人々に支えられてその地位にいることを忘れてはならない。忘れた途端、水は舟を飲み込み転覆させてしまうという教訓である。

太宗はこのように、日常の食事や馬、舟などの乗り物を教材として教えたのである。学びの場はどこにでもあると言えよう。

そこで小生の乗り物での学びをもう一つ。

文化財調査のため種子島に行った。大阪の伊丹空港から鹿児島空港までは順調であったが、天候不良のため鹿児島空港の出発が大幅に遅れた。ほぼ同時刻発の屋久島行きは早くに欠航が決まった。種子島は屋久島の隣の島なので、欠航が危ぶまれたが、出発するとのアナウンスに歓声が沸いた。これを逃せば鹿児島に一泊しなければならないからである。

鹿児島から種子島まではわずか三十分。風雨の中をプロペラ機は突き進み、やがて種子島が見えてきた。機体は徐々に高度を下げ、着陸態勢に入った。ランディングギアも出た。窓から滑走路も見える。

ところがそのとき、強い横風に機体が煽《あお》られ大きく傾いた。と同時に、エンジン出力があがり急上昇。島の外まで大きく旋回《せんかい》する。着陸をやり直すとのアナウンス。

二度目。今度こそはと思ったが、やはり着陸寸前で再度ゴーアラウンド。機内は少々ざわめいてきた。また大きく旋回した後、三度目の着陸態勢に入った。

そこで機長のアナウンス。これで着陸できなかったら鹿児島空港に引き返しますと。近づく滑走路。また強風。機体はやや左に傾きながら、今度は何とか着陸した。乗客から期せずして拍手が起こる。

三回目に無事着陸した機長の技術もさることながら、小生は一回目と二回目に着陸しなかった判断に敬意を表したい。やめる勇気こそ大切。この出張では、目的地に到着する前から大いに学ぶところがあった。

集団のエネルギー「勢」で勝つ

スポーツにはさまざまな種目がある。日本お家芸の柔道や体操。水泳、陸上、野球。さらに、オリンピックを観ていて驚かれた方もあろう。十代が躍動するスケートボードなどもある。

いずれも興味深いが、中でも、大観衆の前で行うチーム競技は、選手と観客が一体となって大いに盛り上がる。

学生時代にバスケットボールをしていたわが身を振り返っても、勝ったときのうれしさや負けたときのくやしさ、そこで学んだ多くのことがその後の人生と仕事に生きていることに気づく。

練習は、日々単調な繰り返しである。ウォーミングアップにはじまり、ダッシュ、パス、シュート、ミニゲームと、ルーティンをこなしていく。ただそこで、今日もまたかと思う人と、その中から日々新たな発見をしていく人とでは、数か月後、数年後に大きな開きが生じてくる。

そうした発見の一つに、チーム力というものがあった。チーム競技なのだから当然ではあるが、このことを真に理解している監督・選手は意外と少ない。

苦しくなればなるほど、ポイントゲッターの長身選手に頼りがちになる。しかし相手もそれは分かっているのでマークされ、なかなか得点に結びつかない。要は、それ以外の選手がいかに動くか、そしてチーム全体の勢いをいかに維持するか、それが大切なのである。『孫子』の兵法も、こう言っている。

善く戦う者は、勢《せい》に求めて人に責《もと》めず。（『孫子』勢《せい》篇）

（巧みに戦うものは、集合体としての軍隊の勢によって勝つのであり、特定の人物の力量に頼って勝つのではない。）

「勢」とは、集団としてのパワーを意味する。『孫子』は大きな丸い岩を坂の上から谷底に転がすという比喩で説明する。同じ容積の物体でも、立方体で、平らな地面にどんと置いてあれば、それを動かすために大きな力がいる。しかし、球形で坂の上にきわどく乗っていれば、ほんの少しの力を加えるだけで、うなりを立てて転がっていくだろう。それが集団の持つエネルギーなのである。

古代中国の武勇と聞いて、『三国志』の関羽《かんう》や張飛《ちょうひ》を連想される方も多いであろう。数万の敵を一人でなぎ倒すというのは、講談の世界の虚構で、実際にはありえない。いかに武勇すぐれた人でも、雪崩《なだれ》のように転がってくる巨大な岩を防ぎ止めることはできないだろう。集団の力を最大限に引き出し、それを維持していくことが重要で、決して、特定の人頼みになってはならないのである。

人頼みは、うまく行くときはよいが、持続可能な態勢とはならない。常にそうした優秀な人材が得られるとは限らないからだ。確かに、個人の力は重要である。有能な人がいなくなれば、組織力は一時的に落ちる。しかし、人が変わってもなお維持・発展していくのが真の組織である。

こうした組織力という点で、最も劣っているのは、我々文系の研究者であろう。一人一人はその道のプロでも、基本的には個人研究である。理系のように共同の作業や実験というのがない。私自身、深い反省と自戒を込めて、日々『孫子』を読むのである。

四、水の如く勝ちを取る

三つの鏡を持つ

オンラインでの会議や授業が数年に及び、人相について考える機会が増えた。画面に表示される小生の顔、そして参加者の顔、その話しぶり、表情は千差万別である。

会議の内容については上の空でも、画面の顔つきを基に、その人の性格を想像してみたりすることとしばしばである。

こうした人相鑑定の由来は、古代中国の「相術《そうじゅつ》」に求められる。卜筮《ぼくぜい》、夢、天体などさまざまなものを手がかりとして占いが行われていたが、人相、手相、地相も重視された。「相」とは姿かたちの意。

この「人相」ということを素材にした小説がある。菊池寛《かん》の「奉行と人相学」という短編で、江戸町奉行の大岡越前守が、人相学に興味を抱いて学んでいくうちに、それぞれの咎人《とがにん》の容貌と人間性とがぴったり合致するのを実感するようになったという話である。

小生、原稿を執筆し、それが本や雑誌に掲載される際、顔写真を求められる場合とそうでない場合とがある。

顔写真が入らない場合は、読者は文章によって著者を想像するほかはない。しかし、顔写真付きの場合は、たとえそれが咎人のようでなくとも、文章に若干の影響を与えるのではないかと心配したりもする。

人相と文章。こうした方面からの文学研究というものがあれば面白いと思うが、どうだろうか。

ともかく、直接対面する講演会はもちろんのこと、オンラインでの会合でも、言葉とともに容貌が他者に見られているということを強く意識する必要がある。

自身の基本的容貌については親の責任で、今さら変えることはできないが、確認する手立てとしては、鏡がある。あまりに硬い表情になっていないか、ネクタイが曲がっていないかなどは鏡によって事前に確認することができる。最低限のマナーであろう。

古代の人々にとって、鏡はとても神秘的なものであった。銅を磨いた面に姿形がそのまま映る。まるで世界の真実がその中に宿ったかのようである。だから鏡は神聖な器として尊重され、権威の象徴ともなってきた。

そこで唐の『貞観政要』も、この鏡についてこう述べている。「銅を鏡とすれば、衣服や冠を正すことができる」と。

唐の時代でもやはり鏡は重宝されていた。自身の礼節を正す道具なのであった。
ところが、太宗は、さらに二つの鏡を持つ必要があるという。続いてこう述べる。

古《いにしえ》を以《もっ》て鏡と為《な》せば、以て興替《こうたい》を知るべし。人を以て鏡と為せば、以て得失を明らかにすべし。

（『貞観政要』任賢篇）

（古を鏡とすれば、世の興亡を知ることができる。人を鏡とすれば、善悪を明らかにすることができる。）

まずは歴史という鏡である。人は今をどう生きるか、将来どうなるのかと必死に考えるが、今だけを見ても分かるものではない。
現状の理解と将来の展望は人間が歩んできた過去の歴史の中にこそ見いだせる。多くの王朝が興亡を繰り返してきた中国では、歴史そのものが大いなる教訓であった。太宗は、それを鏡にしたいという。
また、もう一つは人という鏡。これはどういうことであろうか。
自身を取り巻く人はさまざまである。不思議なもので、まるで磁力に引き寄せられるかのように同類が集まる場合もある。よくも悪くも似たもの同士となるので、その人々の中に自身の実像を発見できることもある。

また中には、厳しく批判してくる人もいる。太宗は諫言《かんげん》してくれる臣下を尊重していた。部下に諫《いさ》められれば気に障《さわ》ることもあるが、その言葉の中に自分では気づかない重要な問題が含まれている場合もある。そういう人こそ自身の鏡として大切にすべきであるというのである。

三つの鏡。簡単な手鏡なら、コンビニでも買える。ただ、二番目と三番目の鏡は、お金で換算できるものではない。自らが歴史と人生に真摯《しんし》に向き合う中で獲得していく他はないのである。

具体的な数値で考える

仕事柄、本を出版する機会をいただくことがある。完成した本を手にすると、それまでの苦労が報われたようで安堵の気持ちが込み上げてくる。内容によっては、近い分野の研究者に謹呈することもある。

先日、同じ職場の教員に「恥ずかしながら」と拙著を手渡しでお贈りしたところ、「もう背丈を超えたでしょう」と言われた。一瞬、何のことか分からなかったが、毎年のように本を出しているので、それらを横積みにしていくと、身長を超える高さになるのではないかという意味であった。もちろん悪い冗談である。

確かに何冊か書いてはきたが、身長を超えることなどはないだろう。

もっとも、人気作家は別である。特に販売の総部数ということになればどうだろう。たとえば、「ミリオンセラー」とは百万部という夢のような大ヒットであるが、一冊の厚さが仮に一センチとしても、横積みにすれば、一〇キロメートル。エベレストよりも高くなる。

また、仮に五万部であればどうだろうか。これでも実感はないが、あるとき、プロ野球中継を見ていて、はっと気づいた。甲子園や東京ドームは収容人数が約五万人である。とすれば、五万冊売れるということは、その観客すべてが一冊ずつ本を買って手に持っているということなのである。

もし拙著がこんなに売れたら、などと勝手な妄想をするだけで、膝《ひざ》が震えるような気持ちになった。この場合、横積みにすると約五〇〇メートルの高さとなる。

このように、具体的な数値で考えてみると、ものごとは、にわかに現実味を帯びてくる。

こうした数理的思考の重要性について、今から二千五百年前の兵法書『孫子』は、次のように述べている。

兵法《へいほう》は、一《いち》に曰《いわ》く度《ど》。　（『孫子』形《けい》篇）

（軍事には第一に計量的思考が必要となる。）

勝利の法則の第一は「度」（はかる）、つまり計量的思考だと言うのである。

戦場の地形を計測する。そこに投入すべき物資や兵力数を割り出す。敵味方の戦力を具体的な数値で比較する。こうした思考回路を持つ軍隊は勝利を確実にできるが、感情や雰囲気で動く軍隊は敗北の道をたどるという。

日本という国は、古来、目には見えない空気や心情を大切にしてきた。色彩も、真っ赤や真っ青というのではなく、微妙なグラデーションのある淡い色、重ねの色が好まれた。論争も白か黒かとはっきり決着を付けるのではなく、おたがい譲り合って適度なところで矛《ほこ》を収める。こうした感覚が、美しくおだやかな文化を形成し、対人関係においても、その場の「空気を読む」「相手の心情を忖度《そんたく》する」という感性を磨いてきたと言えよう。

しかし、社会活動、特に経済活動においては、これだけに頼ってはいられない。とりわけ組織のリーダーを務める人は、言葉にならない空気や心情を具体的な数値として表し、他の構成員に明快に示す力量が問われる。

そうすることによってはじめて、今月は何をどこまでするのかが明確に共有できる。空気、心情、数値。この三つはいずれも欠かすことのできない大切なものなのである。

健全な興奮が着想を促す

仕事のアイデアが浮かぶのは、職場のデスクの上とは限らない。自宅でテレビを見ているとき、電車に乗っているときにも、あっと声が出そうになるようなひらめきに、あわててメモを取ることもある。

若い人なら、スマホのボイスメモという手もあろうが、我々の世代は紙である。それもA4かB4くらいの大型がよい。そこにどんどん書き込んでいく。時系列や相関関係も線や図で示す。このとき脳内は大いに活性化する。仕事の着想は良い意味での興奮に支えられているといってよい。

ところが、この高ぶりが失敗につながるケースもある。『孫子』の兵法は、戦いを始める際の注意点として次のように説いている。

主は怒りを以て師《し》を興《おこ》すべからず。　**（『孫子』火攻《かこう》篇）**

（君主は怒りに任せて戦争を始めてはならない。）

古代中国において開戦を決断するのは君主である。その君主が怒りの感情から軍隊を発動してはならないと言う。これは当時の戦いの多くが君主の個人的な怒りや恨《うら》みから起こっていることを踏まえたものであろう。

確かに大きな事業を興すときには異様なエネルギーを必要とする。ライバルに勝ちたいという気持ちも大切である。しかし、それがゆがんだ感情であってはならない。相手をへこませてやろうとか、自分だけが目立ちたいというような気持ちは、冷静な判断を鈍らせるからである。

二千五百年前の『孫子』の時代はともかく、現代社会を生きる私たちにとって、仕事を後押ししてくれる健全な興奮とはどのようなものだろうか。

かつては、利益が上がる事業の発案、売れる商品の開発、というのがそうだったであろう。高度経済成長期の何よりの発奮材料である。

しかし今はどうであろう。そうした要素はほとんど頭打ちとなって久しい。むしろ事業規模の縮小傾向の中でどのように形勢を維持するかが問われているだろう。学校も同様である。子供の数が減り、入学定員を切るような大学も増えている。学部を新設したり、教員を増やすなどは、夢のまた夢だ。

ただそうした中でも、発奮材料はいくつもある。まずは、これまでの枠組みそのものを壊すような学問体系の再構築である。これは、理系の学部が得意とするところで、たとえば、かつての重工業時代の工学と、情報化時代の工学とでは様相が一変している。時代に即応しながら学科をうまく再編してきたと言える。

また、新たな事態によってこれまでの歴史や資料が見直されるということもある。世界はコロナという厄災に見舞われたが、人類の歴史は、災害や疫病との格闘の連続である。そしてその厄災を乗り越えてきた歴史があることを知れば、闇間に少し明るい光が差すような気がする。過去に学び、未来を知る、いわゆる「温故知新」は文系の学問の得意とするところである。

投げやりにならず、健全な心の高ぶりを大切にして仕事を進めたいものである。

「聴く力」を高める

「聞く力」がブームとなっている。中国古代の聖人孔子もこの大切さと難しさを痛感していたようで、ようやく六十歳になってから人の言葉がすんなり耳に入ってくるようになったと述べている。

「六十にして耳順《したが》う」（『論語』為政《いせい》篇）。ここから六十歳のことを「耳順《じじゅん》」とも言うようになった。

それでは、その「聞」とはどういう意味なのか調べてみよう。今から二千年前、『説文《せつもん》解字《かいじ》』という字書がはじめて部首分類で漢字を配列し、現在の漢和辞典もこれにならっている。

画数の少ない部首から始まるので、「一」の部の一画の「一」、次は二画の「丁」や「七」が続くといった具合である。音や訓でも引けるが部首から引くのが正しい使い方である。

そこで、「聞」を引こうと「門」がまえの部を開いても、どこにもない。実はこれ「耳」の部の漢字である。感覚器官である耳から音声が入ってくるという意味を表す。

同じく「きく」と読む漢字に「聴」もあり、これも「耳」の部の漢字。「聞」と「聴」には何か違いがあるのだろうか。

この点に関して鋭い指摘をするのが、唐の太宗と臣下たちの問答をまとめた『貞観政要』である。次のように説く。

君《きみ》の明らかなる所以《ゆえん》の者は、兼聴《けんちょう》すればなり。

（『貞観政要』君道篇《くんどう》）

（君主が聡明でいられるのは、広く多くの人の意見を聴くからだ。）

原文では「兼聴《けんちょう》」と記されている。「聞」ではなく「聴」の字が使われていて、しかも「兼ねる」も加えられている。これはどういうことであろうか。

「聴」は単に耳から音声が入ってくるという意味ではなく、自分の方から意識的にきこうとして詳しくききとる意味を表す。ここからさらに、あきらかにする、おさめる、さだめる、さばく、ゆるす、などの意味も派生している。しっかりきくから聡明になれるということであろう。

古代中国では、神の声を聴くことのできる人を「聖人」と呼んで尊んだ。「聖」もまた

「耳」の部の漢字である。後に孔子は「先聖《せんせい》」、杜甫《とほ》は「詩聖」と称された。

「招聘《しょうへい》」するの「聘」もまた耳の部の漢字で、たずねる、まねくの意を表し、特にすぐれた賢者を丁重に招いて用いるという意味で使われる。

この字は現代日本では漢字制限のため教科書や公文書などには使えないので、大学の事務方から「招へい研究員について」などという間の抜けた文書が届いて愕然《がくぜん》とするのであるが、これは是非とも「耳」の部の漢字であることを知っておいていただきたい。そうでなければ、招く相手に大変失礼というものである。

こうした偉大な聖人や賢人のレベルはともかく、我々一般にとっては、「聞」よりも「聴」の方が、相手の声を充分にきき入れ正しく受け止めるという意味になろう。そこで『貞観政要』も「聞」ではなく「聴」の字を使ったのである。しかも、一人の意見を「聴く」のではなく「兼ねる」、つまり多くの人の声を広く受け入れるとされている。これこそが、聡明でいられる条件だという。

またこれに続いて『貞観政要』は、その逆のケースを指摘する。「暗愚《あんぐ》な君主は、一人の言うことだけを信用する」と。

これを「兼聴」に対して「偏信《へんしん》」という。「偏」はかたよる。お気に入りの人の言うことや自分に都合のよい意見だけを聞いてそれを信じてしまうということである。

リーダーが聡明でいられるか、暗愚になってしまうか、その分かれ目は、「兼聴」か「偏信」かによるという。

高い地位に就《つ》くのは山登りに似ている。高みに登れば下界はよく見渡せると思いがちであるが、木々に遮《さえぎ》られて見えなくなることもある。また登れば登るほど下界の声は届かなくなる。「聞く力」を「聴く力」に高めることによってはじめて「聡」「聘」「聖」への道が開けるのではなかろうか。

水の姿を組織の理想に

より強く。より早く。——勝利の秘訣はさまざまである。

それとはまったく関係のないように見える「水」という漢字は、「川」と親戚関係にある。どちらも象形文字で、古い字形はほとんど同じようにも見える。

意味も互いに通用するが、強いて違いを言えば、「川」は一定の方向性をもって流れている水で、「水」は必ずしもそうした方向性を持たず、渦《うず》を巻いている水やじっとしている水も含む、ということになろう。

この「水」こそ勝利の要《かなめ》だと説く思想があった。「孫子の兵法」として知られる『孫子』である。今から二千五百年前、水の如く勝ちを取れと説いている。


兵の形は水に象《かたど》る。

（軍隊の形は水の姿を理想とする。）

（『孫子』虚実《きょじつ》篇）


水のように実態のない弱々しいものが、どうして勝利の秘訣になるのだろうか。

確かに水は何の取り柄もないように見える。しかし、状況に応じて多様に姿を変えることができる。たとえば、コップの中にも、水道管の中にも、プールにも、川や海にも入り込む。そして、岩を避け、身をくねらせながら流れていく。この柔軟性に『孫子』は着目するのである。

組織を率いるリーダーは、事前の計画に沿って事業を進める。だが、実際に着手してみて状況が大きく変わってしまうこともある。それにもかかわらず、はじめの決め事にとらわれて少しも変えないということでは、勝利はおぼつかない。

また一方、水は弱々しく頼りないように見えて、実は巨大なエネルギーも秘めている。気の長い話ではあるが、ぽたりぽたりとしたたり落ちる水滴が堅固な岩に穴をあけることもある。また、水害による土石流はどうだろう。周囲の土砂を巻き込んで奔流《ほんりゅう》となる威力は想像を絶するものがある。『孫子』は、この力にも兵の理想の姿を見るのである。

こうした柔軟性と秘めたる力。それは、小さく弱々しい者こそが存分に発揮できるものではなかろうか。

巨大なクルーズ船は、岸壁を離れて進路を定めるまでに長い時間を要する。また、いったん動き出したら急には止まれない。小さな船は、乗員も限られていて、長距離の大航海は無理だとしても、港の中や沿岸を自在に航行することができる。

中小規模の組織は、大きくないということを利点と考え、その柔軟性を活用することが大切であろう。また、限られた自身の力だけに頼るのではなく、ネットワークを形成し、周囲を巻き込んで、ラグビーのスクラムのようにして威力を増していけばよい。

ところで、この「水」というのは、人を哲学者や詩人にするようだ。孔子も、川のほとりで、「逝《ゆ》く者はかくのごときか」とつぶやいた。これについては、世の無常を嘆いたという理解と、とうとうと流れて尽きることのない水を讃《たた》えたという解釈とがある。

さて、現代社会を生きる我々が水に感ずるものとは何だろうか。

五、逃げる美学

自身を正して見本を示す

ソロキャンプが人気である。ＳＮＳや漫画で話題となり、自身のキャンプの様子を延々とユーチューブにあげる人もいる。他者との交流が絶たれるご時世で、この人気となっているようだ。

単に密集を回避するということだけではない。都会を離れた自然の中で、朝日とともに起き、好きな時間に好きなことをする。夜は星空と焚き火の炎に心を癒やされる。誰かに命令されることもない。

やってみたいと思う人が出るのは当然だろう。最近では、テントの設営の仕方やキャンプの楽しみ方を紹介する動画が多く配信されている。加えて、超豪華キャンプ「グランピング」というものもあるらしい。立派なコテージなどに泊まって、バーベキューを楽しんだり、コース料理を配達してもらったりすることもできる。

そうなると、もうキャンプとは言えないのではと思えてくるが、ともかく日常生活を離れて自然に親しむのは精神衛生上きわめて有意義なことである。

小生、キャンプの楽しみを知ったのは、小学生の頃だった。ボーイスカウトという団体に所属していたからである。

テントを張る前、降雨対策の溝を周りに掘ること、テントを固定する支柱とロープと金具（ペグ）の角度を調整することなどを学んだ。夕食の定番はカレーライスで、夜はキャンプファイアーである。

はじめは小学校の校庭で、次は近隣の山や海岸で、そしてジャンボリーと呼ばれる全国大会へと徐々に規模は大きくなる。

イギリスで始まったというスカウトの制度は、日本の小学生にとっても興味深いものだった。単にキャンプをして遊んでいたわけではない。社会奉仕という理念があって、清掃活動などもしたような記憶がある。

今でもはっきり覚えているのは、ロープの結び方や手旗信号の方法である。「もやい結び」というのは、漢字で書くと「舫《もや》い」であり、これは、船を係留《けいりゅう》するとき、先端に丸い輪っかを作り、強い力をかけても決してほどけないようにする結び方である。

手旗信号は、紅白二色の手旗でカタカナを構成し、仲間に伝達するものである。映画「亡国のイージス」（二〇〇五年）で、イージス艦を制圧され、負傷して通信手段を失った乗組員（真田広之）が甲板《かんぱん》に仰向けになって手旗信号を送るシーンがある。これは、上空の偵察衛星に信号が伝わることを想定したもので、手旗が今も使われていることが分かる。

この集団活動は、一面で、軍隊組織をモデルにし、規律が重んじられたが、決して暴言を浴びせられるようなことはなかった。紳士的な理念が土台にあった。

また、上級生やリーダーは、むしろ下級生から慕われていた。それは、テントの設営、ロープの結び方、手旗信号など、学校では教えてくれない技術の見本を鮮やかに示してくれたからである。

学校では、上級生は口であれこれ言うだけだ。しかしここでは、目に見える形で手本を示してくれる。しかも、その技術を習得すると、ワッペンだったかバッジだったかをもらえ、それをカーキ色の制服に付けることができた。単なる年功序列ではなく、技能実習に基づく能力主義があった。ここに、リーダーとはかくあるべしというにはやや大げさであるが、一つのあり方を見ることができる。

『貞観政要』もこう言っている。

天下を安《やす》んぜんとすれば、必ず須《すべから》く先《ま》ず其《そ》の身を正すべし。

（『貞観政要』君道《くんどう》篇）

（天下を安定させようとするなら、必ずまず自分自身を正さなければならない。）

これは為政者のことを言っているので、「天下」を組織に、王をリーダーに読み替えてみよう。リーダーは言うだけではいけない。自らを正し、手本を示して、部下の信頼を得る必要がある。

巨大化した組織はこの理念を忘れ、上下の関係は希薄になる。何でもメールで済ませるのではなく、時には、仕事の基本を自らの実践で示してみてはどうだろうか。

朝の気を逃すな

ＮＨＫテレビの「チコちゃんに叱られる」は、五歳のチコちゃんの素朴な質問に大人が答えられず、「ボーっと生きてんじゃねーよ！」の決めぜりふで叱られる人気番組である。

世の中にはまだまだ知らないことが多いと気づかせてくれる。

その番組とコラボした『孫子』の児童書を出すので監修をお願いしたいとの依頼が出版社からあった。その名も、『チコっと孫子』。

これまで、『孫子』に関わる研究書、訳注書、社会人を対象とした概説書を執筆したことはあり、企業や団体の求めに応じて『孫子』の講演をしたこともある。しかし、小学生や中学生を想定して書いたり話したりしたことはなかった。

そもそも『孫子』は戦争について説く兵書であり、中には、敵の裏をかくというような権謀術数《けんぼうじゅつすう》的な言葉も多い。純真な児童にふさわしい古典なのだろうかと思い悩んだが、気持ちを新たにして『孫子』を再読してみると、子どもにも役立つのではないかという言葉が多々あることに気づいた。その一つが、

朝の気は鋭《するど》し。　**（『孫子』軍争篇）**

（朝の気は充実していて鋭い。）

古代中国では、世界を構成している最小単位を「気」という漢字で表した。天気、気候

などの熟語もある。一方でこの気は人間の体内にも循環し、精神にも作用すると考えられていた。気力、元気などはそうである。

そして集団の力を盛り上げるのも、この気であり、熱気、士気などはそれに当たる。ただ、この気は常に一定というわけではない。気まぐれという言葉があるとおり、その充実度は時によって変化する。

この点について『孫子』は、朝の気が最も充実していて鋭く、昼頃には次第にゆるみ、夕方にはしぼんでしまうと指摘し、戦《いくさ》上手のものは、敵の気力が鋭いときを避け、ゆるんだりしぼんだりしたときを撃つのだと提言する。

これは一つのたとえにすぎない。人により、また集団により、気の充実する時節は異なるかもしれない。必ずしも朝に限ったことではない。要するに『孫子』は、変化する気を冷静に見極めよというのである。

よって、この言葉も熾烈《しれつ》な戦闘を前提とするものであるが、「気」に変動があるという点だけを取り出せば、我々にも、また児童にもふさわしい戒めになるのではなかろうか。

パソコンやスマホの普及で、小中学生も生活のリズムが崩れているという。昼夜逆転し、昼間はボーっとしていて夕方頃から目がさえてくる社会人もいるという。

人間は本来、朝日とともに起きて活動し、夕日の沈む頃には主な活動を終えていたのである。ところが、明治時代に電気が普及し始めると、日の光ではなく時計によって生活が支配されるようになった。その結果、人間本来の生理的リズムが大きく変わってしまったのである。

しかしここは今一度、『孫子』の言葉を受け止めて、最も気力の充実した「朝」を大切にしたいものである。

「拙速」が力を生む

年度末が近づくとさまざまな書類提出が求められる。大学生にとっては、何と言っても論文であろう。

学部生は、他の授業の単位が揃っていても締めくくりの卒論が提出されなければ、卒業認定とはならないのである。

指導教員としては、できるだけ良い論文が書けるよう指導するのであるが、数十年の教育経験から以下のような傾向があることを実感している。

第一。大学院に進学する学生は除き、卒論はその人の前半生における一つの終着点となる。卒業後十年程度の感想を聞くと、卒論を書いていた頃が自分の知のピークだったと懐かしむ人が多い。もちろん、ここから大きく飛躍していく人もいるが、力を込めて書いた論文は、それがたとえ未熟なものであっても、その人の前半生を飾る一つの到達点となるのである。

第二。論文にはその人の学力のみならず、人間性や感性もが表れる。

論文は私小説ではない。資料の分析とそれに基づく論理性が求められる。しかし、全体の構成や筆運びには、おのずからその人の性格や感性などが立ち上ってくる。普段その人が何を考え、どのようなものに興味があるのか。数枚のレポートではなかなか分からないが、百枚を超えるような論文になると、人間性そのものが表れるから不思議である。

そして第三。草稿のできあがりの速さと完成度とはほぼ比例する。教員は指導者であるとともに審査員でもある。すべてに手を入れ書いてあげることはできない。ただ、序論やはじめの章については入念に添削するから早めに持ってくるように指導している。これが遅い人は、おおむね卒論の出来も悪い。

そのような人には、次のような『孫子』の言葉を紹介することにしている。

兵は拙速《せっそく》なるを聞くも、未《いま》だ巧久《こうきゅう》なるを睹《み》ざるなり。（**『孫子』作戦《さくせん》篇**）

（戦争では、少々まずい点があっても、とにかく速く切り上げる「拙速」ということはある。しかし、ぐずぐずしてうまい「巧久」ということはない。）

現代語で「拙速」は悪い意味で使われるが、『孫子』はむしろそのスピード感を評価しているのである。

すべての仕事には締切がある。その少し前を、自分自身の締切として設定し、一旦完了させる。そこから本当の締切日までを使って、拙《つたな》い点を修正していけばいいのである。心のゆとりもでき、大幅な修訂にも対応できる。

しかし、これが締切間際であれば、もう修正する時間はない。精神的にも追い詰められているから思わぬミスも犯す。

毎年このことを力説するのであるが、それでも何人かは、締切間際に、湯気の立っているようなできたてほやほやの卒論を提出して私を悩ませるのである。
拙速とは、単なる速さではない。そのスピード感が力と正確さを生むのである。

一人勝ちは危うい

世界最高の兵書とされる『孫子』には、不思議な言葉が記されている。

百戦百勝は、善《ぜん》の善なる者に非《あら》ざるなり。

（『孫子』謀攻編）

（百戦して百勝するというのは最善の方策ではない。）

百回戦って百勝するのは完全勝利、勝率十割ということである。ところが『孫子』は、これを最上の善ではないと述べる。これはなぜだろうか。

勝敗は、単に国土の広さや兵力数の多寡で決まるのではない。将軍の力量、部隊の訓練、統率、熱量。開戦の正当性、戦術の是非、天候や地の利を得ているか、武器や食糧の補給は充分か、などさまざまな要因に左右される。

そこで『孫子』は、敵の城を攻める場合には、十倍の兵力が必要だという。根拠地に籠《ろう》城《じょう》した敵は、城を枕に討ち死にの覚悟で応戦してくる。一方、城を攻める方は四方を完全包囲し、敵の補給を断たなければならない。戦いが長引けば、自国を離れて遠征している自分の方が徐々に不利になってくる。

だから攻城戦は攻める方が不利。十倍の兵力がなければ安易に城攻めをしてはならないのである。

日本の戦国時代にも、しばしば城攻めは行われたが、羽柴秀吉が備中高松城《びっちゅうたかまつじょう》を完全包囲し、さらに水攻めにしてもなかなか落城させることができず、本能寺の変で織田信長が討たれた知らせに、あわてて講和を結んで撤収したように、かなり困難な戦術であった。

それでも、城攻めが上手くいけば、敵を殲滅《せんめつ》することができる。野戦では、敵の主力を逃がしてしまうこともあるが、大坂夏の陣のように、攻城戦で勝てば、それは完全勝利となるのである。

そのような勝利のときの心得として、『孫子』はさらに次のように言う。

帰師《きし》には遏《とど》むること勿《な》かれ、囲師《いし》には必ず闕《ひら》け。（**『孫子』軍争篇**）

（敗北の決断をして帰国する軍隊をとどめてはならない。四方を包囲した敵には必ず退路をあけておけ。）

「帰師」とは敗北の決断をして撤退し、帰国しようとする軍隊。それをとどめてはならない。また、「囲師」とはこちらが四方を包囲した敵陣。そこには一箇所退路を開けておけという。

たとえ相手の敗色が濃厚でも、ぎりぎりまで追い詰めると、進退窮《きわ》まった敵は窮鼠《きゅうそ》猫《ねこ》を噛《か》むように反撃に転じ、こちらが痛い目にあってしまう。だから逃げる敵はそのままにしておき、完全包囲しても逃げ道は一つだけ残しておくのがよいという。

これはなかなか奥深い勝利の秘訣である。勝てばそれでよいというものではなく、勝利した後のことまで熟慮しているのである。

戦争ではないが、現在の仕事でも類似したことが言えそうである。こちらの一人勝ちは一見いいようであっても、長い目で見るとマイナスになることさえある。

相手のメンツを残す、顔を立てるということは、古代のみならず、現代中国でもきわめて重要な鉄則となっている。

日本は中国ほどではないにしても、もともと和を以て貴しとなす国柄なので、この法則はビジネスにも生きている。関西発祥の「三方《さんぽう》よし」は、売り手の一人勝ちをよしとするのではなく、売り手と買い手が満足し、さらに世間にも役立つという商法である。自分だけの完全勝利を目指していれば、この発想は生まれなかっただろう。

逃げるのは恥ではない

「北」という漢字は、方角の「ノース」（north）の意味で使われているが、もともとは二人の人が背を向けあっている姿を表している。これに「にくづき」（月）が付くと「背」の字になることからも、この原義が理解できよう。

ここから、そむく、にげる、のがれるという意味になる。「敗北」という熟語がそれをよく示しているだろう。「北」の字が方角をも表すのは、人が南の太陽に背を向けて見る方向だからである。

地球温暖化により日本の夏は危険な暑さとなった。我慢しないことが推奨されている。文字通り、南に背を向け涼しい北に向かって逃げ出したくなる。

ただ、勝利を目指す戦いにおいて、逃げることは負けを意味するだろう。「孫子の兵法」でも、「北」はそうした意味で使われている。

たとえば、圧倒的な敵兵力に小勢《こぜい》で無謀な合戦を挑めば、結局「北《に》ぐる」ことになり、それは偶然の結果でなく、将軍の過失による必然の敗北であるという。

では、逃げることはすべて罪なのか。いやそうではない。『孫子』は力の差によって対応を変えるべきだと説いている。こちらの兵力が圧倒的にまさっている場合は、敵を完全包囲したり、正面攻撃をかけたりしてよいという。

しかし、兵力が敵より明らかに少なければ退却を画策し、まったくかなわないほどの兵力差であれば、ただちに戦場から離脱せよと説く。

少なければ則《すなわ》ち能《よ》く之を逃れ、若《し》かざれば則ち能く之を避く。（『孫子』謀攻篇）

（自軍の兵力が敵よりも少なければ、兵力を保全していかに退却するかを画策する。まったくかなわないほどの兵力差であれば、ただちに戦場からの離脱をはかる。）

このように、退却を検討することとただちに逃げ出すことも、孫子は選択肢の一つとしてあげている。戦力を保全したまま逃げることは、場合によっては正しい判断なのである。玉砕《ぎょくさい》してしまえば明日はない。しかし冷静に考えていったん退却し、他日を待てば好機がめぐってくるかもしれない。個々の戦いにすべて勝とうとする必要はない。

このことを歴史の実例として示してくれたのは、前漢の初代皇帝劉邦《りゅうほう》であろう。秦帝国が滅んだ後、次の天下を争ったのは楚《そ》の貴族項羽《こうう》と劉邦であった。

軍事的才能にすぐれた項羽は連戦連勝。劉邦は逃げに逃げ、その際、馬車の重さを減らそうと三度まで自分の子供を突き落としたと伝えられている。

そうまでして逃げのびた劉邦は、最終決戦「垓下《がいか》の戦い」で勝利し、項羽軍を打ち破った。項羽が「四面楚歌《しめんそか》」を悟り、連れ添った虞《ぐ》美人に「虞や虞や若《なんじ》を奈何《いかん》せん」と嘆いたのは、このときのことである。

人生や仕事の勝利者となるためには、大きな視野を持ち、個々の戦いに一喜一憂しない度量を持つことも大切である。

平素は前向きに頑張っている人にも、どうしようもない局面は必ず訪れる。そのとき、逃げること、いったん撤退することは恥ではない。その中にも戦いの美学があることを知っておきたい。

持続可能な組織とは

明治時代に西洋の文物や言葉が入って来たとき、当時の文人たちは、漢字漢文の知識を活かして訳語を作り出した。「哲学」「自由」「社会」「図書館」など、今では当たり前に使っている言葉は、みなそうした先人たちが苦労して考案したものである。

そして、ここに今一つ、訳語を要する概念が登場した。二〇一五年の国連サミットで採択された「ＳＤＧｓ」である。

持続可能でよりよい世界を目指す国際目標として掲げられ、二〇三〇年までの達成を目指している。東西冷戦どころではない国際紛争や、地球規模の環境悪化を前にすると、本当に大切な目標であると感ずる。

これに触発され、多くの組織や事業も、その大小を問わず「持続可能性」が問われるようになった。高度経済成長期のように、頑張ればどんどん伸びていくということはなくなり、現状をいかに維持して行くかが大きな課題になっているからである。

大学も例外ではない。明治時代に学制が定められ、初等から高等までの教育機関が整えられた。日本の文化と科学技術の発展は、こうした教育の基盤があればこそである。

ただ、小生の職場を顧《かえり》みるに、将来は決して楽観視できない。研究予算と教員ポストは年々減っている。

かつて研究室の実務を支えていた助手（助教）ポストはほとんどなくなった。小生自身が、この助手経験者なのでよく分かるが、助手に採用していただくと、教授のアシスタントを務めることで、研究室の運営や研究プロジェクトの進め方を学ぶことができた。この貴重なポストがなくなると、若手研究者の就職の道は一層狭くなる。

若手ばかりではない。アシスタントがいないのであるから、教授みずから雑務をこなさなければならない。研究にあてるべき時間が奪われていく。日本の大学も大きな岐路にあるというのが小生の実感である。

実は、唐の時代の『貞観政要』もこの「持続」ということについて議論している。

太宗は、臣下たちにこう問いかけた。ものごとを無から始めるのと、できあがったものを持続させていくのとではどちらが難しいかと。つまり「創業」か「守成《しゅせい》」かという問いである。

これに対する臣下の答えは二つに割れた。ある臣下は創業こそが難しいと述べた。組織にしろ事業にしろ、無から始めるのには膨大なエネルギーがいるからである。

ところが、別の臣下は「守成」はもっと難しいと反論した。組織も事業も、始めるときには全員に昂揚《こうよう》感と緊張感がある。失敗したら烏有《うゆう》に帰してしまうという危機感もある。

しかし、一応の成果が見えるとどうだろうか。そうした気持ちを持続させていくのは難しい。太宗たちは隋との戦乱に勝利し、ようやく唐王朝の基礎ができあがったという実感はあったろう。ただそれだけに、気持ちの緩みが出始める頃でもあった。
ある臣下があげた病気療養の例が面白い。病が深刻なときには医者の言うことをよく聞いていた人も、病が癒えてくると、またもとの不摂生《ふせっせい》に戻ってしまう。やや安定したかなという頃が実は一番危険だというのである。
この両方の意見をじっと聞いていた太宗は、最後にこう述べた。両方の意見にはそれぞれ一理ある。ただ、唐の現状から見れば、今は「守成」をより重視すべきだと。

（『貞観政要』君道篇）

守成《しゅせい》は則《すなわ》ち難《かた》し。

（「創業と守成とでは」守成こそが難しい。）

ただ太宗は、その「守成」を単なる守りとは考えなかった。完成したものにしがみつき、それをただ守っていこうとすれば、先細りは目に見えている。
そこで次の一手を打った。律令体制と軍事制度の整備、怨恨《えんこん》を超えた人材の採用、文化の奨励と出版の推進。攻めの守りが持続発展を可能にする。こうした確かな自覚が「貞観の治」という稀《まれ》に見る太平の世を出現させたのである。

―後編―

人生の歩き方、人との付き合い方に迷ったときに

処世訓の最高傑作

『菜根譚』×『呻吟語』より

序、乱世が生んだ二つの処世訓

「人はどう生きるのか」。これまた永遠のテーマである。人は家族、共同体、国家社会と関わり合うことで助けられ、成長することができる。しかしその一方で、そうした人間関係に疲れ悩み苦しむこともある。

　ではどうしたらいいのか。こうした課題に答えてくれるのが処世訓と呼ばれる名著である。その最高傑作は、明《みん》代に著された『菜根譚《さいこんたん》』と『呻吟語《しんぎんご》』であろう。

『菜根譚』は、今から約四百年前、明代末期の洪応明《こうおうめい》（字《あざな》は自誠《じせい》）による処世の書。日本では、江戸時代に和刻本として刊行されたことにより大いに普及した。「一歩を譲る」「苦心の中にある幸せ」「多く蔵する者は厚く失う」などの名言にあふれている。

　一方、『呻吟語』は、同じく明末の呂坤《りょこん》（号は新吾《しんご》）の書。著者の存命中から何度も編集・刊行を繰り返した大冊である。「冷静沈着の大切さ」「過ちを認める勇気」「読書の秘訣」「時間を無駄にしない」「一つのことに専念する」など今にも生きる教訓が多い。

　この二つの書は、落日の迫る明代末期を背景に、人は何を目標にして生きていったらいいのか、どのようにすれば人間関係がうまくいくのか、逆境を乗り越えるにはどうすればいいのか。そうした根源的な問題について、そっと手を差し伸べてくれる。木版印刷が盛んになった時代に刊行され、多くの読者に受け入れられた。乱世と印刷の時代の産物だと言ってもいいだろう。

ただ、対照的な点もある。『菜根譚』の著者洪自誠については詳しい経歴が分かっていない。謎多き書である。一方、『呻吟語』の著者呂新吾は科挙の最終試験に合格したエリートであった。その栄光の人生が投影された書でもある。

また、『菜根譚』は章立ても見出しもないが、それぞれの章は二句ずつの対構造で簡潔に記されている。暗誦《あんしょう》にも適した名文で、この文体は最後まで粘り強く貫かれている。これに対して、『呻吟語』は著者が三十年にわたって書き継いでいったものなので文体はさまざま。わずか数文字のものから数千字に及ぶものまである。全体が、「性命」「治道」「養生」「修身」など明確なテーマによって章立てされているのも、『菜根譚』との大きな違いである。

この二大処世訓は、互いに相手を映し出す鏡となり、また私たちの人生を明るく照らしてくれるであろう。

一、自分の器を磨く

人目に付かないところでトラブルの芽を摘む

自家用車で通勤している。最初に赴任した北海道釧路《くしろ》でも、次の勤務地松江でも、今の大阪でも、不思議と、住居から職場までは車で十五分という適度な距離にあり、毎日ハンドルを握る。だからといって車マニアではなく、せいぜいウインドウオッシャー液を自分で補充するくらいだ。

そんな小生が柄《がら》にもなくカー用品店をぶらついていたところ、若い男性店員が近づいてきて「どらねこ」ですかと問う。何と失敬な、小生を猫呼ばわりとは。だが店員は意気盛んに商品の説明を始めた。「ドライブレコーダー」。略して「ドラレコ」と呼ばれていることを、そのときはじめて知った。

実は、家族から、誕生日と父の日と特別定額給付金とをまぜこぜにしてドライブレコーダーをプレゼントしてくれるという。何かだまされたような気がしないでもなかったが、ありがたく受けることにした。

その下見のつもりで行ったのだが、店員の啖呵売《たんかばい》のような威勢のよさに引き込まれ、言われるままに即決してしまったのである。

なかなか高性能の機種だったようで、前方と後方に小型カメラが各一台。エンジンを掛けると自動録画が始まる。GPS機能も付いていて、交通事故多発地点やスピード取り締まりのレーダー設置場所が近づくと、やさしい女性の声でそっと教えてくれる。これでは、大阪府警もお手上げであろう。

運転するのが楽しみになった。もし割り込みやあおり運転でも受けようものなら、ばっちり証拠映像が残るからだ。

ところが、不思議な感覚も襲ってきた。録画されるということは、他人の不正だけではなく、自分の運転状況も明らかにされるということだ。おのずから運転は慎重になり、スピードは控えめになった。ついでに背筋も伸びている。

また、このドラレコは録音もしているという。論文執筆がはかどったときなど、思わず車内で鼻歌の一つでも出ようものが、音声も録音されるとなれば、とたんに無口になってしまう。こぶしのきいた演歌など言語道断であろう。

こうして小生のドラレコは、他でもない、自らの言動を抑止する作用を発揮している。

まずは自分の身を正すこと。その重要性について『菜根譚』もこう述べている。

罪《つみ》を昭昭《しょうしょう》に得《う》る無《な》きを欲《ほっ》せば、先《ま》ず罪を冥冥《めいめい》に得《う》ること無《な》かれ。（『菜根譚』前集四八）

（明らかに目につくところで罪を犯したくないと思えば、まずは人の目に付かないところで罪を得ないようにしなければならない。）

大きな事故が発生してからでは遅い。まずは日々の言動を省《かえり》みて、その兆《きざ》しを摘むようにしたい。

『菜根譚』の著者洪自誠がこのように述べたのは、実は、中国医学の臨床体験にもとづく次のような見解があったからだ。

「肝臓《かんぞう》が病を受けると、それに通じている目が見えにくくなり、腎臓《じんぞう》が病を受けると、それに通じている耳が聞こえにくくなる」と。

五臓六腑は体の中にあって直接は見えないが、それぞれ外部の器官と通じていて、その不調が現れるという。前近代的な発想だと否定するのは簡単だが、経験に基づく一つの理屈なのだろう。

であれば、小生はもうだいぶ前から老眼が進んでいるので、肝臓に気をつけなければならず、ドラレコを「どらねこ」と聞き間違えてしまうわが耳は、腎臓の影響ということになろう。

いずれにしても、まだ見えない段階で、あるいは、見えないところでこそ、気をつけたいものである。そうした意識を後押ししてくれるものの一つが、ドラレコなのだと感じた次第である。

ただ、ことはそう容易ではない。お互いに抑制しあおうと、至るところにカメラを付けたらどうなるだろうか。それは、恐るべき監視社会となってしまうであろう。教育機関である大学でも、いつの頃からかエレベーターや廊下に監視カメラが設置されるようになった。

ドラレコくらいの自己抑制がちょうどいいのではなかろうか。

目には見えない真理をつかむ

夏目漱石はイギリス製万年筆「オノト」の愛用者として知られていた。

日本には、中国伝来の墨と筆の文化があったから、明治時代に外国製万年筆が輸入されても、はじめはさっぱり売れなかったという。

そうした中、漱石はイギリス留学を経験し、また新聞連載小説として作品を発表していたから、いちはやく切り替えができたのだろう。「余と萬年筆」という随筆で、やがて万年筆の時代が来ると予言している。

これは的中し、日露戦争を機に万年筆が国民にも普及していく。従軍や移動の際に携帯できるというのが大きな理由であった。ペンのキャップにクリップが装着され、ポケットにさせるようになったことも利便性を大いに高めた。

そして大正時代に入ると、国産メーカーが良質で安価な万年筆を次々に発売し、筆記具の定番となっていった。

小生、高校に入学したとき、腕時計と万年筆を親からもらって、急に大人になったような気がした。その昂揚感は、今のスマホなどとは比べものにならない。万年筆は、鉛筆やボールペンと違って、太い細いを表現したり、文字をなめらかに続けて書くこともできる。使う人の書き癖がペン先に表れ、それがまた深い味わいになったのである。

こうして毛筆から万年筆へと筆記具が推移しても、記された文字に、その人の性格や精神状態が表れるという点は同じであった。いかにも豪快な太字のものもあれば、神経質とも言えるような繊細なものもあって、文字からその書き手を想像することもできた。

今でも、自筆の履歴書を求められることがあるが、それは、文字に人物を見ようとする採用側の思惑に他ならない。

ところが、意外なことに、文字にとらわれてはならない、という主張がある。中国明代の処世訓『菜根譚』は、次のように述べている。

人は有字《ゆうじ》の書を読むを解《かい》して、無字《むじ》の書を読むを解せず。

（『菜根譚』後集八）

（人は文字の記してある普通の本を読むことについては知っているが、文字のない書を読むことについては知らない。）

文字のない書とは何だろう。そんな書があるのか。この言葉には続きがあり、こう述べる。

「弦《げん》の張ってある琴《こと》を弾くことについては知っているが、弦のない琴を弾くことについては知らない」

ここから推測すれば、文字のない書とは、目に見えない精神や真理ということであろう。文字を通して我々がつかみとるべきは、相手や作者の言いたい真理であって、文字そのものではない。

それなのに我々は、文字や楽器という目に見える外形に気持ちが向かって、真理をつかみそこねているのではないかという指摘である。

これは、何も文学作品や音楽に限ったことではない。たとえば、仕事の予算書や決算書はどうだろう。小生には理解不能な数字の山だ。その数値が合っているかを確認するのは大変な作業だろう。

しかし、数値の点検だけでは不十分なのである。予算書は、その企業の決意と展望を示す旗印である。決算書は、業績と実力を示す記念碑である。そこには夢があり、また、秘密にしておきたい瑕疵《かし》や弱点が隠されていることもある。そうしたものを鋭く読み取らなければ、書類を理解したことにならないだろう。『菜根譚』が言うのは、まさにこのことで、文字や数字の向こうにある真理、目には見えない真実を読むことが大切なのである。

とは言え、やはり文字という形は、依然として大きな意味を持っている。パソコンの時代なのに、今もワープロ用のフォントが次々に開発されている。小生も漢文を記すときには、通常のフォントでは味わいがないと、つい独特の太めのフォントを使ってしまう。

また教育現場では、今も入試答案や板書という形で手書き文字は残る。美麗な文字の答案に出会ったときなど、思わず花丸を付けてしまうのである。

財産・色欲・名声・身分が品格を左右する

リーダーとは何か、リーダーの要件として最も大切なものは何か。今もリーダー論は花盛りである。それほど難しく普遍的なテーマということだろう。

中国古典の中で、はじめて明確なリーダー論を説いたのは、今から二千五百年前の『孫子』。「孫子の兵法」として今も読み継がれている名著である。

『孫子』が説くのは、軍隊を率いるリーダー、すなわち「将軍」についてであるが、これがなかなか興味深い。五つの要件があるという。「智・信・仁・勇・厳」。

将軍だから、勇気が筆頭にくるかと思えばそうではない。「智」である。リーダーは何より冷静に大局を俯瞰《ふかん》できる存在でなければならない。

スポーツの世界では、選手と一緒に喜怒を露《あら》わにする監督・コーチもいて、これはこれでなかなか人間味があってよい。ただ、あくまで冷静に、選手が喜びを爆発させているときにも、すでに次の局面を考えているような智将が望ましい。

次にあげられている「信」は信用が置けること。上司に対しても部下に対しても、その信用を裏切らないということである。

「仁」は、兵法書としては意外に聞こえるかもしれないが、やさしさ、思いやり。これがないと部下はついてこない。

そしてようやく「勇」。これは最前線に立って戦う勇気だけではなく、時には撤退の決断も下す大いなる勇気のことであろう。

そして「厳」。集団を率いるには必須である。「仁」とともに「厳」がなければ、組織はゆるくなる。

もちろん、現代では、それぞれの職場や仕事内容によって、この要件は変わってくるだろう。中国でも、この『孫子』のリーダー論は高く評価されていく一方で、新たなリーダー論も登場してくる。

唐の時代の『貞観政要』では、リーダーの要件として、以下のようなものをあげている。まず自分の身を正す。私欲を抑制する。世のため人のために働く。広く人の意見に耳を傾ける。

『孫子』とはかなり違った印象である。これは、孫子の活動した戦乱の時代と、儒教国家として安定した唐の時代との差が生み出した違いであろう。

ここで注目されるのは、私欲を抑制できるというのがリーダーの重要な要件とされている点である。

唐の時代の前には、いくつもの王朝が興亡を繰り返した。歴史は雄弁に語っている。衰亡は外からの要因ではなく、ほとんどの場合自滅であることを。

その自滅を導く最たるものが王の果てしない欲望だということである。

そして明の時代に至っても、この歴史法則には変わりがなかった。処世訓の名著『呻吟語』は、こう言っている。


財色名位《ざいしょくめいい》、此《こ》の四字《よじ》は、人品《じんぴん》を考《かんが》うるの大節目《だいせつもく》なり。（『呻吟語』修身《しゅうしん》篇）

（財産・色欲・名声・身分、この四つは、人の品格を考える際の大切な指標である。）


もっともこれは、王や将軍についてだけ言っているのではない。広く、人はどうあるべきか、品格はどのようにして維持できるのか、と問いかけたものである。

仏教では、空《くう》を説き、老荘思想でも無為自然《むいしぜん》を説いて、人欲を真っ向から否定した。しかし伝統的な儒教では、「欲」そのものを完全に否定しているわけではない。欲望は誰にでもある。いやむしろ欲望があるからこそ、人はそれを求めて頑張るのである。

車で言えばガソリンや電気。これがないと車は動かない。ただ、その取り扱いを誤ると事故となる。

健全な欲望は生活を豊かにし、仕事を大いに進めてくれる。欲はしっかり持ちたい。

と同時に、『呻吟語』の説く四つの欲については、戦う覚悟も必要だ。それに負けると人品は卑《いや》しくなり、自滅への道を開くこととなる。

まごころが人を動かす

コミュニケーションのあり方が問われている。

小生、平素は学生を前に講義し、時には市民の方々に向けて講演させていただくこともある。

今、大きな変化を感ずるのは、オンラインという新たなスタイルの登場により、パソコンの画面を通して語りかける機会が多くなったということである。

もう一つは、ＡＩ技術によって、発言がそのまま文字化され表示される場合があるということである。

これにより、コミュニケーションには一層の工夫が必要となっている。画面越しでは、体全体の身振り手振りが映らないから、顔の表情、目の力、言葉が大切になる。広い教室や会場では何となくごまかせたものがそうならなくなったのである。

また、録画・録音はもとより、話すそばから文字化されるとあっては、相当に「文章」を意識して話す必要もある。雰囲気だけで聴衆を煙に巻いてはならないのである。

実は、文明開化の明治時代にも、こうしたコミュニケーションのあり方が問題となった。まだテレビもラジオもない時代。政治家、宗教家、学者などの演説、講釈、講演などは大衆に語りかける有力な手段で、やがて、その技術を批評して、他山の石にしようという実用書が次々と刊行されるようになる。

それらの要点を小生なりにまとめてみると、悪い演説の五要素は、「早口」「長い」「一本調子」「同語反復、意味不明、語尾不明瞭」「専門用語・方言・数値の頻出」となる。逆によい演説となるのは、「聴いてもよく書いてもよい」「何時間でも声が涸《か》れない」「整然とした構成」「ユーモアがある」「時間を厳守する」などであるという。

確かに、悪い五要素は、そのままオンラインの授業や講演にもあてはまるであろう。また、聴いても書いてもよいというのは、ＡＩによる即時文字化にも耐えうるような整然とした話ということである。

ところが、この法則に外れていながら、絶賛されている演説や講演もある。それは、まごころのこもった話である。技術面には問題があるとしても、聴衆は深く感動する。あまりにありがたい講話に老婆が賽銭《さいせん》を投げたというエピソードまで記録されている。何より熱き心を自分の言葉で語りかけ、相手の心を動かす。それが大切なのである。

洪自誠の『菜根譚』も「まごころ」の強さについて次のように言っている。

人心一真《じんしんいっしん》なれば、便《すなわ》ち霜《しも》をも飛ばすべく、城をも隕《おと》すべく、金石《きんせき》をも貫《つらぬ》くべし。

（『菜根譚』前集一〇二）

（人の心が最高の真実の境地に至ると、夏に霜を降らせ、城を陥落させ、金属や石を貫き通すことさえできる。）

古代中国の三つの故事を織り込んでいるが、三つ目は漢代の李広《りこう》の故事。李陵《りりょう》の祖父として著名な将軍である。射術を得意とし、異民族の匈奴《きょうど》からは「飛《ひ》将軍」として恐れられていた。

あるとき、李広が石を虎と見まちがえて射ると、鏃《やじり》が見えなくなるほど深く突き刺さった。だが、李広が後日、その石を石と思って射たときには、先日ほどの緊張感がなく、矢は刺さらなかったという。

ここから、強い信念で事に当たれば、何でもなしとげられるということを、「一念岩《いちねんいわ》（巌《いわお》）をも徹《とお》す」というようになった。

オンラインやＡＩに対応するために技術を磨くことは大切である。ただその前に、まごころ、熱意、信念がなければならない。これがあってこそ技術も上達するのではないか。明治時代の名士たちの中にも、初めは下手だった人が見違えるように上達したケースがあったという。研鑽《けんさん》を怠《おこた》らなかったからである。

ところで、明治時代の弁士たちの演説スピードはどれくらいだったのだろうか。平均は、一分間三百音程度。一時間の講演を四百字詰原稿用紙に漢字仮名交じりで記すと三十枚弱であったという。適度なスピードは聴衆にとっても心地よい。

ただ、文字にはならないとしても、情熱、誠意こそ大切であり、また音や文字にならない間《ま》や抑揚、緩急も重要である。ＡＩはこれを判別できるようになるのだろうか。

後世に徳を残す仕事

映画「男はつらいよ お帰り 寅さん」（二〇一九年）を映画館で観たのは、新型コロナウイルス騒動が始まる直前のことであった。

いつも行っている近くのシネコンに入ると、老人の熱気で満ちている。そういう小生もれっきとした寅さんファンの老人であるが。

上映が始まる。真っ暗な画面に、「特別協賛」として五つの企業の名前が白い字で浮かび上がる。そして、「この作品を敬愛する渥美《あつみ》清《きよし》さんに掲げる」の字幕。小生、まだ本編を一秒も見ていないのに、ここでもう肩が揺れるほど込み上げるものがあり、ハンカチのお世話になってしまった。

寅さんの甥《おい》の光男が主人公になっているので時の流れを感じたが、笑いあり、涙ありの基本路線はシリーズのままだ。

映画の「協賛」というのは、不覚にも今回はじめて気づいたのだが、映画会社の資金だけでは製作できず、企業がさまざまな形で支援するということであろう。

こうした企業による文化・芸術活動の支援は「メセナ」と呼ばれている。古代ローマの政治家マエケナスは、芸術家を厚く庇護《ひご》した人物として知られ、その名にちなむフランス語で「文化擁護」という意味。

明代の処世訓『菜根譚』も、一人一人の人生だけではなく、企業の活動について次のような注目すべき言葉を残している。

業《ぎょう》を立てて種徳《しゅとく》を思わざれば、眼前《がんぜん》の花《はな》為《た》り。

（『菜根譚』前集五六）

（事業を興しても後々のために徳を残すことを思わなければ、それは単なる眼前の花［あだ花］である。）

企業の営利活動は大切だが、それは後の世に「徳」を残すものでなくてはならないという。

古代中国では、孔子が、「利」ではなく「義」が大切ですよと力説せざるをえないほど、道徳を忘れて利をむさぼる人が多かった。『論語』に、「君子は義に喩《さと》り、小人は利に喩る」とある。喩るとは敏感の意味。

もちろん利益の追求は生きていく上で必要なことである。しかし、この世で企業活動をしている以上、この世に何かお返しするという意識がなければ活動の品格を欠くことになろう。

そうした眼前の利だけを追求するような活動を、『菜根譚』は「あだ花」だというのである。結局は実を結ぶことなく、はかなく散ってしまうということだ。中国明代末期の世相を反映した言葉かもしれない。

振り返ってわが国はどうだろうか。明治維新によって近代化を成し遂げた日本は、欧米諸国を模範としてインフラや各種制度を整え、さまざまな企業が産声《うぶごえ》を上げた。

関東大震災や太平洋戦争の惨禍はあったが見事に復興し、小生の子供の頃は高度経済成長期と呼ばれる好景気を迎えた。そうした中でも、日本の企業は「徳」を見失わなかったのではなかろうか。濃淡はあるが、社会への利益還元は常に意識されていたように思う。

駅前のカルチャーセンターも、多くは新聞社などが主催する教室で、高齢化が進む日本社会では、生涯教育の重要な場となっている。安価な受講料で学習の機会を提供するのは、大切な文化事業の一つといってよいだろう。

そもそも新聞社自体が、その創業当時から文化支援活動と一体化して売り上げを伸ばしてきたという歴史がある。箱根駅伝しかり、春夏の甲子園しかりである。

そして、映画、舞台、楽団など、政府や自治体からは支援を得にくい文化活動について、企業がその利益のほんの一部を提供して支援する。これこそが、『菜根譚』の理想とする企業活動なのである。それは、企業に「利」だけではなく、後世まで語り継がれる「徳」を残すことになろう。

そうした「徳」の一つとして、寅さんが帰ってきたのは大変結構なことであった。映画の最後で、御前様の笠《りゅう》智《ち》衆《しゅう》、タコ社長の太《だ》宰《ざい》久《ひさ》雄《お》ら物故者の名前が列挙され、小生は嗚《お》咽《えつ》をこらえながらシネコンを後にしたのである。

鏡に手を映さないのはなぜか

博士論文の審査は、いくつもの段階を追って慎重に行われる。論文の受理から学位授与まで、提出者にとっても審査員にとっても、人生を懸けた長期戦となる。

そこに新たな過程が加わった。剽窃《ひょうせつ》の有無を調べる専用ソフトによるチェックである。世の中に電子情報が氾濫《はんらん》し、簡単にコピーできるようになった。そこで不届き者が他人の文章を無断転用する。昨今、こうした不祥事が頻出しているようで、小生の勤務校でも審査規定に盛り込まれたという次第である。

もっとも、剽窃とまでは言えないとしても、これに類することは古くからあったであろう。まだ著作権意識がそれほど明確ではなかった時代、他者の意見を引用しながら自説を展開するのは普通のことで、その際、誰の説なのかを明記し忘れるということもある。

また、悪意を持って盗用する場合でも、原稿用紙の時代であれば、自身で書き写す労力だけはあったと言える。ところが今や、簡単にコピペできてしまう。マウスのクリック操作一つである。

いずれにしても、こうした論文はどこか浮いて見える。「木に竹を接《つ》いだような感じ」とでも言おうか。剽窃判定ソフトを使うまでもなく、何となくおかしいということだけは分かる。

論文に限ったことではない。自分の頭で考えなかった言葉は、どこか上滑りしてしまい、相手の心に届かない。

こうした問題について処世訓の傑作『呻吟語』は、鏡をたとえとして実に不思議なことを言う。

明鏡《めいきょう》は、以て秋毫《しゅうごう》の末《すえ》を照らすに足ると雖《いえど》も、然れども持ちて以て面を照らして手を照らさざるは何ぞや。

（『呻吟語』修身篇）

（みがかれた鏡は、こまかなものまで映し出すことができる。だが顔を鏡で映しても、手を映さないのはなぜか。）

確かに、自分の顔は鏡に映して身だしなみを整えるのであるが、手を映すことはしないだろう。

その心は——。著者の呂新吾はこう説明する。顔は自分では見えないので、鏡を借りて確認するほかはない。しかし、手は自分の目で見ることができるので、わざわざ鏡を借りる必要はないのだと。

この比喩により、呂新吾が言いたかったことは明らかだろう。すぐれた人は、自分で直接知り得たことを尊重する。他人の言葉で自分の身の処し方を決めるのは、まるでわざわざ自分の手を鏡に映して見るようなものだ、ということである。

小生がこの言葉から思い出すのは、学生時代の授業である。漢文読解の鍛錬はなかなかに厳しいものだ。

辞書を引いて、ようやく読めたような気になり、当該部分の漢文を読み下すと、教授から鋭い指摘がくる。根拠は何かと。そこで恐る恐る辞書の名をあげて、そこにこう出ていましたと答えると、その辞書が正しいという根拠は何か、とくるのである。

辞書とは、漢字・漢語の出典や用例を基に、その語義を著者が解説したものである。すぐれた水先案内だと言えよう。

ただ、小型・中型の辞典では、分量の関係から、出典や用例の記載はほとんどなく、その著者の解説だけが載っている。

とすれば、その解説が本当に正しいのかどうかは、すぐには判定できない。研究者自らが多くの古典に当たり、出典や用例を調べてみて、はじめてその解説の是非を評価できるのである。

今の大学生は、その辞書を引くことすらせずに勝手な思いを述べる。中には「優秀」な学生もいて、しっかり辞典を調べるのはよいが、まるで鬼の首を取ったかのように、辞書にこう書いてありましたと言う。小生の学生の頃には恥ずかしくて言えなかったことである。

これを研究の世界だけの話だと思い込むのは早計である。
マンネリ化した仕事は自分の知性と判断を経由しなくなる。他人の言や申し送りをただ踏襲するだけなら、それは、鏡に手を映す行為だと言われても仕方がない。

読書上手になろうとすれば

履歴書に趣味を書く欄がある。一昔前なら「読書」であろう。何となく「昭和」感が漂うかもしれないが、「読書」と書けば教養が感じられ、相手にも無難な印象を与えられる。スマホの時代になったが、まだまだ読書は捨てたものではない。いやむしろ、巣ごもり生活になって、読書は復権したとも聞く。

ただ、年齢によってその作法は大いに異なるように思う。小生若い頃の読書を振り返るとこうなる。

とにかく読む。ジャンルを問わず、長短を問わず、古今東西を問わず、面白いと思った本は徹夜してでも一気に読む。

とにかく買う。タイトルと目次だけ見て買ってしまう。「積《つ》ん読《どく》」になってもよい。借りた本では、線を引いたりページを折ったりという格闘ができない。

とにかく記録する。長い感想はいらない。書誌情報だけでもいい。けれど、突き刺さる文章に出会ったら、心を込めて写経するようにノートに記す。

ところが、年齢を重ねていくと、読書の作法も変化してくる。近年の傾向は次のようになる。

選んで読む。限られた時間で愚書など読んではいられない。読書とはまず選別であり、選択眼が試される。ベストセラーや話題書などに飛びつかず、長い歳月に鍛えられた古典をまずは読む。

味わって読む。速読など論外。ゆっくり楽しんで何日もかけてその世界に遊ぶ。

「積ん読」にしない。もう書架のスペースはないから、読む可能性の少ない本は買わない。
では、中国明代の処世訓『菜根譚』は、読書についてどのように指南しているのだろうか。

善《よ》く書を読む者は、手の舞《ま》い足の踏《ふ》むの処《ところ》に読み到《いた》らんことを要《よう》す。

（『菜根譚』前集二一四）

（読書上手になろうとすれば、感動のあまり手の舞い足の踏むという境地に到ることが肝要である。）

この「手の舞い足の踏む」というのは、知らず知らずのうちに踊り出してしまうかのような境地ということで、儒教の経典『詩経《しきょう》』や『礼記《らいき》』に見える言葉である。もともとは音楽について説く文章で、歌うとは長々と言うことであり、心の内から自然と嬉しい感情が湧き出て、言うだけでは足りないから歌い、手が舞い足が踏むのに気づかないという境地に至るという。音楽の感動を説く言葉であった。

また『孟子《もうし》』では、同じくこの言葉を使って、人間がもともと持っている思いやりの心「仁《じん》」、親や年長者を慕う「孝悌《こうてい》」の気持ちを説明する。心の底からわき上がってきて、自然とそうした行いをするのは、すぐれた音楽を聴いて踊り出すのに気づかないのと同じだという。

そして『菜根譚』は、この境地を読書の作法として説いたのである。その真意は、書いてある文字を追うだけではなく、その内にある本質をとらえなければならないということだろう。理想の読書とは、著者との対話を繰り返しながら、その内容に融和し、みずからの精神が充実した状態に至ることなのである。

実際に踊り出しては不審者と思われるかもしれないが、心に光が差し込むような感動や勇気を得るために、人は本を読むのである。

では、『菜根譚』がこのような読書指南をしたのはなぜだろうか。それは、印刷出版の技術が発達した明代において、それまでにはなかった読書スタイルが見られるようになったからであろう。

目次や索引《さくいん》、見出し語や挿絵《さしえ》などに導かれた、つまみ食い的な読書、巻頭から熟読するのではない資料検索的な読書、官吏登用試験「科挙」のための受験勉強的読書。

こうした今では当たり前となっている読書スタイルの登場に、漢学者洪自誠は異論を唱えたのであろう。

この指摘は、読書だけではなく、広く仕事や人間関係にも当てはまるのではなかろうか。表層的に関わるのではなく、人と人、自分と仕事とが深いところでシンクロする。そこにこそ、手の舞い足の踏む喜びが生まれるように思う。

名声を得るのが究極の目的ではない

大学の実力を示す指標として「大学ランキング」がある。国際競争力が低下し、ほとんどの大学は百位までに入らないという。と、人ごとのように書いてしまうのは、我々文系研究者にとって、今一つ実感がないからである。

指標の目安とされる論文の被引用数、ノーベル賞のように国際的評価が確立している賞の受賞者の数など、そのまま該当する分野もあろうが、そもそも文学部の国文系の研究者や、小生のように中国哲学や漢文学で論文を書く者は、ほとんどの場合、論文を英語で発表する必然性がないので、それが欧米の研究者からどのように引用されているかなどということは、あまり深刻な問題とはならないのである。

またノーベル物理学賞や化学賞はあっても、ノーベル中国哲学賞や漢文学賞などというものはないので、発表の日、電話の前で受賞連絡を待っている小生の同業者などはいないのである。

と言うと、単なる言い訳に聞こえてしまうかもしれないが、そうした指標に関わりなく立派な業績をあげている文系の研究者は数多い。指標はあくまで目安なのであり、それが究極の目標になってはならない。

ただ、しのぎを削ることは重要である。幕末の大坂で緒方洪庵《おがたこうあん》が開いた「適塾《てきじゅく》」では、塾生の成績が厳しく試験され、おおむね八から九ランクに分けられていたという。その筆頭の地位に躍り出たのが福沢諭吉であり、福沢はその原理を東京に移植し、慶應義塾で展開したのである。

確かにランクは人を励まし、向上させる起爆剤ともなる。

それでは、このように人や組織をランク付けするという習慣はいつ頃から始まったのであろうか。大学ランキングが発表されるようになったのは一九六〇年代、日本の大学の偏差値が公開されるようになるのは一九七〇年代である。

ところが、それより二千年ほど前の古代中国では、九段階の人物評価が国家によって明確に発表されている。

『史記』に次ぐ正史の『漢書《かんじょ》』には、「古今人表《ここんじんぴょう》」という人物ランキングが付されていた。太古から漢代までの著名な人物約二千名を対象に、それらを上の上（聖人）から下の下（愚人）までの九段階に別けて示す人物ランクである。上の上はわずか十四名。孔子はもちろん入っている。

では、このランク付けの指標となっているものは何か。実は、孔子の言葉なのである。

孔子は、人間の大いなる可能性を認め、多くの人は教育や環境によって変わりうる「中人《ちゅうじん》」であるとした。しかし、教える前からすべてを知っている「智者」もいれば、何度教えても結局分かってくれない「愚者」もいると述べていたのである。

これこそ、ランク付けの起源であった。この三ランクをさらに三つに分けていくと「古今人表」のように九ランクになる。これに基づいて、役人を九つの品級に分けて登用する「九品官人法《きゅうひんかんじんほう》」という制度までできた。

ランクが人を支配する。その弊害として、実力がないのに名を求める人々が続出した。そこで明代の処世訓『呻吟語』はこう述べる。

上士《じょうし》は名《な》を好まず、中士《ちゅうし》は名を好み、下士《かし》は名を好むを知らず。（『呻吟語』品藻《ひんそう》篇）

（上士は名声を好まず、中士は名声を好み、下士は名声を好むことさえ知らない。）

ここでもやはり、三ランクで述べているのは、孔子以来の伝統であろう。

興味深いのは、名声を好むことが必ずしも否定されていないということである。我々が該当するであろう「中士」は名声を求め、それより下の「下士」は名声を好むことさえ知らないという。ランクを意識し、名を好むことは決して悪いことではない。

ただ、それを超えた「上士」の境地が理想とされている。名声を求めて努力するが、名の獲得を究極の目的とはしない。これこそ組織と人間に求められる美しい姿であろう。

二、人間関係の極意

威厳を示すには

大学教授の変化を端的に表すのは、その威厳の低下であろう。

小生の前任者の教授は何とも言えぬ威厳と風格があった。その教授からうかがったところによれば、かつて、帝国大学教授の威厳は想像を絶するものがあったという。

たとえば、署名・捺印《なついん》を必要とする公文書があったとしよう。すると事務官がそれを黒いお盆に載せて教授室までしずしずと運び、教授がそれに目を通し、咳払《せきばら》いの一つもしながら、おもむろに署名・捺印する。事務官はそれを拝領し、事務室に持ち帰る、という有様であったという。

また、学部の学生は教授から直接声をかけていただけることはなく、授業以外で、その謦咳《けいがい》に接することもない。用務については、研究室の助手を通じて間接的にお言葉が伝送されたという。

今はどうか。事務室から電話が入る。「先生、まだ書類が出ていませんよ」と。そこであわてて階段を駆け下り、深々とお詫びを申し上げながら、あたふたと署名・捺印する。

学生も直接メールをしてくる。中には、顔文字・ため口の学部生もいる。文末に「（笑）」などと附記する不届き者もいる。ただこれを突き返すのではなく、親身になって返信する。これが今の教授の実情である。

また教授会は、かつて、最高議決機関であって神聖な場とされていた。小生が着任した頃は、両肘《ひじ》掛けつきのゆったりとした椅子に座り、休憩時間には事務官がお茶とお菓子を運んでくれた。

しかし、いつの頃からか、肘掛けなしの安物の小さな椅子に座らされ、お茶もお菓子ももちろん出ない。教授たちの服装も何の会合かと疑いたくなるような有様で、中にはジーパン、サンダル履きという強者もいる。これでは、自らその権威を放棄しているようなものである。

もっとも、医学・工学などお金持ちの学部の教授は違うであろう。公設・私設の秘書がいて、来客や電話の取り次ぎをし、秘書室を経由しないと教授室に入れない仕組みになっているのだ。

対して、文系教授の部屋はドア一枚。学生でも保険の営業員でも、ずかずかと入ってくる。

こうした時代に威厳を保つのは大変である。中国の処世訓『菜根譚』は、その秘訣をこう伝授する。

威《い》は宜しく厳《げん》よりして寛《かん》なるべし。寛を先にして厳を後にすれば、人は其の酷《こく》を怨《うら》む。（『菜根譚』前集一六七）

（威厳を示すには、はじめ厳格にして後から寛大にするのがよい。はじめゆるやかにしておいて後から厳しくすると、人はその厳しさを怨む。）

はじめは厳しく、あとから優しくという手順が大切だという。古代中国の言葉で、これを「猛《もう》」から「寛《かん》」へという。

確かに、初対面の学生になれなれしい態度を取れば、学生はなめてかかるようになる。厳しい教授だと思わせて、適度に緊張させ、その後でふっとそれをゆるめれば、ああこんな優しい面もあったのかとほっとするであろう。それが良好な師弟関係につながっていく。

この順番を間違えると、どうなるか。はじめの優しさに慣れてしまっていた者は、ちょっと厳しくされただけで、それを怨むようになる。

人間関係におけるこうした手順は他にもあると『菜根譚』は説く。

「恩恵を施すには、はじめあっさりしておいて、後から手厚くするのがよい」と。恩恵の場合は、これとは逆に、はじめあっさり、後から濃厚にというわけである。なぜなら、はじめに手厚くしてしまうと、人はそれに慣れてしまい、次も当然そうなるものだと思ってしまう。そして恩恵が薄くなるに従って、相手を怨むようになってしまうのである。

著者洪自誠の実体験から生まれた言葉であろう。いずれにしても、この手順はあくまで一つの参考であり、最終的な目標は、良好な人間関係を築くことにある。

ところで、前任教授の言によれば、講座の主任教授には「走攻守」の三拍子＋「スター性」が必要とのこと。ひょっとすると、このあたりに威厳の源があるのかもしれない。

過ちのないこと自体が功績

年度末が近づくと、大学では恒例行事の予告があちこちに張り出される。それは定年退職を迎える教授の最終講義の案内だ。

通常の授業は、もちろん学生のみ。だが、最終講義はかつての教え子や学会の関係者、専門外の教員にも広く呼びかけて行われる。講義終了後はそのまま送別会に流れ込むというのが通例だ。

小生、就職して若手教員だった頃は、まだ時間的に余裕があったのか、専門分野に限らず、同じ学部の教授の最終講義は欠かさず拝聴するようにしていた。

専門が違うので、詳しいことはよく分からないが、ご自身の研究の歩みを紹介しながらの講義は、時に意外な展開を見せることがあった。

就職に恵まれずアルバイトをした駆け出しの頃、家庭と研究の両立で思い悩んだ若い日々、大学改革の荒波の中で自分を見失いそうになった激動期。それを語ろうにも言葉に詰まりうつむいてしまう。その数秒間の沈黙が教授の重い人生を語っているような気がして胸に迫る。

そして、ほとんどの教授が最後に絞り出すようにして口にする言葉があった。それは、「大過《たいか》なく」という一語である。長い長い教員生活を振り返って無事定年の日を迎えられたという万感の思いが、まさに「大過なく」という言葉に集約されるのであろう。

中国の処世訓『菜根譚』も、次のように説いている。

世《よ》に処《しょ》しては必ずしも功を邀《もと》めざれ。過《あやま》ち無《な》き便《すなわ》ち是《こ》れ功《こう》なり。（『菜根譚』前集二八）

（世間を渡っていく際には、わざわざ目立った功績をあげないようにせよ。過ちがないということ、それ自体がすでに功績なのである。）

現代社会では、つい忘れてしまいがちな「功績」観である。今は、月単位、年単位で厳しく業績を問われる。他人より目立った功績をあげなければ高い評価は得られない。ところが『菜根譚』は、わざわざ目立つ功績をあげる必要はないという。「大過」がないということ、それ自体が功績だというのである。

おそらく著者洪自誠の当時にも、スタンドプレーに走る人が多くいたのであろう。もちろん、功績をあげること自体はよい。しかしそれは失敗と背中合わせなのだということを知っておく必要もある。

目立つプレーは常にリスクを伴う。高みに登れば足を滑らす。他人のやっかみにあい、足をすくわれる。周囲は人徳者ばかりではない。相手のミスにつけ込もうと狙っている敵もいる。

ではどうしたらよいのか。無謀な冒険をせず、他人を不快にするようなスタンドプレーをしない。老子《ろうし》や荘子《そうし》が言うような「無為自然《むいしぜん》」の境地は無理だとしても、せめて一つ過剰な言動を慎んでみよう。

『菜根譚』はこれに続いて、こうも言っている。「対人関係において怨《うら》みを持たれないこと、それ自体がすでに人徳なのである」と。人徳とは、何も金品で人に恵みを与えることではない。平凡な暮らし、坦々とした日常、その中で人徳は発揮できる。

ところで、「大過」という言葉は、いつ頃からあったのだろうか。実は、晩年の孔子が使っている。今から二千五百年前のことだ。

自身の人生を振り返った孔子は、「五十にして天命を知る」と言ったが、また、「五十にして以《もっ》て易《えき》を学べば、以て大過なかるべし」（『論語』述而篇《じゅつじ》）とも述べている。

五十歳は人生の大きな節目であった。そのとき、『易《えき》』を学べば、大きな失敗をしないですむだろうというのである。『易』はもともと占いの書。孔子がこれに注釈を付けたということで格調が高くなった。そこには森羅万象《しんらばんしょう》の原理が記されていて、儒教経典『易《えき》経《きょう》』となったのである。だから孔子は、この『易』をよく読めば、世界と人生の真理を知ることができ、大きな過失なく晩年を過ごせると説いたのである。

孔子のように『易』を読み解くのは難しいが、我々も『菜根譚』の教えなら何とか実践できよう。

才能と学問は名剣のように

宝塚歌劇の雪組公演「蒼穹《そうきゅう》の昴《すばる》」は浅田次郎氏の同名小説を基にした舞台劇である。主人公は中国の清朝末期、科挙に合格した文人という設定。

さて、そもそも科挙とは何かということで、小生、その宝塚から取材を受けた。

中国隋の時代から清末まで約千三百年にわたって続いた官吏登用試験制度である。受験資格を得るための予備試験が数段階、それに合格して本試験に臨むと、さらに三段階。最後は紫禁城《しきんじょう》（故宮《こきゅう》）に呼ばれて皇帝臨席のもとに最終面接を受ける。

しかも本試験は三年に一度しか実施されない。あまりの狭き門で、合格発表者が張り出されると、わが名を見つけて半狂乱になる者もいたという。日本の大学生の就活もなかなか厳しいが、科挙はその比ではない。それぞれの段階での合格率は数パーセントであり、最終合格者は国政を左右する要職に就く。「四書《ししょ》五経《ごきょう》」四十数万字をすべて暗記しているのはもちろんのこと、書も巧みで詩も作る。「学者」兼「政治家」兼「芸術家」といった有能な人材である。

その科挙に見事合格した後、三十年の歳月をかけて『呻吟語』を書いたのが呂新吾である。

その書名の「呻吟」とは、もともと苦しみうめく声の意。呂新吾が生きた明末は王朝の衰退期にあたり、民衆が悲痛の声をあげていた。そうした風潮を受けて書名としている。ただ、内容はけっして堅苦しいものではなく、見事な比喩も使って人生の機微を説く。

才学は剣の如《ごと》し。　**（『呻吟語』問学《もんがく》篇）**

（才能と学問は剣のようである。）

これはどういうことであろうか。呂新吾の説明によると、才能や学問は身につけることも難しいが、それを適度に制御することはもっと難しいという。

人は身につけた才学をどうしても自慢したくなる。また、それで他人を傷つけたり、自身がしくじったりすることもある。

だから、才能と学問はちょうど名剣のように、ここぞというときにだけ用いて、普段はさやの中に収めておかなければならない。

才学が豊かでありながら、そのためにみずから禍《わざわい》を招く。長く政界にいた呂新吾は、そのような人を多く見たという。伝家の宝刀の使い方を間違った人々である。

呂新吾は科挙に合格し、官僚となって出世した。言わば成功の人生を歩んだ人である。ただ明《みん》朝の落日と向き合って常に自己を戒め、『呻吟語』の草稿を三十年にわたって書き続けた。その言葉は重い。

日本は遣隋使・遣唐使以来、中国文化を積極的に取り入れたが、この科挙制度は導入しなかった。しかし、近代以降に実施された全国民を対象とする一斉形式の試験は、この科挙の影響を間接的に受けている。

現代語としても使われている「圧巻」「及第」「落第」「対策」などはもともと科挙の用語。

また、「破天荒《はてんこう》」もそれまで落第続きだった地にはじめて合格者が出たことから、不作の地（天荒）を破るような快挙という意味で使われた。今では、型破りなという意味に曲解されることもあるが。

「推敲《すいこう》」も、ある人が受験のために上京した際、作詩の字を「推《お》す」にするか「敲《たた》く」にするかで悩んだという故事にちなむ。

かくも影響力の強かった科挙ではあるが、弊害もあった。唯一絶対の試験だったので、これが人生の勝敗を決定してしまい、別ルートの出世がないという点である。価値観の固定化も招き、近代化に対応できなかった。ようやく科挙を廃止した清朝そのものが、その数年後に亡んでしまったのである。

宝塚雪組公演はこうした清末の世相を見事にドラマ化し、人間の運命と歴史の転変について考えさせてくれた。その主人公と『呻吟語』の著者呂新吾とが小生には「科挙」つながりで重なって見えたのである。

他人の声に耳を澄ます

旅行、飲食、観劇など、ようやく以前の活気が戻ってきた。声を出す行事やスポーツも一時制限されていたが、これも再開された。

声を出す行事と言えば、正月恒例の宮中行事「歌会始《うたかいはじめ》」「御講書始《ごこうしょはじめ》」がある。前者は独特の長い節回しで、皇族方や入選者の歌が披露され、ニュースでもよく紹介される。

これに対して御講書始がニュースになることはあまりない。これは、明治時代の初めに「御講釈《こうしゃく》始」として開始されたもので、国書、漢書、洋書の三分野から有識者が天皇に進講する。

書（文献）の講義であったから「講書」というのであるが、戦後は、その枠組と内容が変更され、人文科学、社会科学、自然科学の三分野から選ばれた三名の学者が自身の研究テーマについて進講し、必ずしも「書」についての講義とはなっていない。

こうした進講の起源は、古代中国にある。歴代王朝の中には凡庸《ぼんよう》な皇帝や暴君もいたので、幼少の頃から儒教的道徳を教育するのが、学者の務めであった。

であるから、取り上げられる書（古典）は、主に儒教文献で、特に帝王学としてふさわしい『書経《しょきょう》』や『論語』となることが多かった。小生の調査によれば、明治・大正時代の御講書始では、『書経』が十二回、『論語』が十一回と断トツである。

『書経』は、古代聖王の言動を記録したもので、儒教経典「五経」の一つとなっている。日本でも、「昭和」「平成」など元号の出典としても有名である。

『論語』は言うまでもなく、聖人孔子とその弟子たちとの言行録で、「温故知新」「一を聞いて十を知る」「過ぎたるは猶《なお》及ばざるが如し」など名言の宝庫である。

ところが、回数は少ないながら、『詩経《しきょう》』が進講されたこともある。『詩経』はもともと古代中国の周王朝が各地から採集した三千篇もの詩を孔子が三百篇に編集したとの伝承があり、その後、儒教の最重要経典「五経」の一つとなった。

詩は現代風に言えばポエムであり、帝王学とは無縁であるように思われるが、なぜ御講書始で取り上げられたのだろうか。

手がかりになるのは、明代の処世訓『呻吟語』の次のような言葉であろう。

君子は詩を観《み》て、政《まつりごと》を為《な》すの道を知る。

（『呻吟語』治道篇）

（君子は詩を見て、政治の道を知る。）

詩という漢字は、同音の「志」につながり、内にひめた思い、喜び、悲しみ、つらさなどの心情を率直に表明したものとされていた。逆に言えば、単に技巧を凝らしただけのものは詩ではないということである。

だからこそ、周王朝は、わざわざ地方に出向き、民衆の歌う詩を採集して、政治の善し悪しの判断材料にしたのである。民が王の政治に満足していれば、おのずから楽しく喜びにあふれた詩が歌われ、逆に、王の圧政に苦しんでいれば、つらく悲しい詩が歌われるからである。

そこで為政者は詩をよく観察して政治の道を知るのだと『呻吟語』は言うのである。

これこそ、御講書始で詩が取り上げられる理由であろう。進講者は、『詩経』を文学作品として講義したのではない。また芸術鑑賞の材料としたのでもない。

周王朝や孔子が察知したように、その詩の中に、人間の心情と進むべき政治の道が示されているのである。しかもそれは、直言ではない。人は、あまりに声高に指摘されると、かえって反発を覚えたり、しらけてしまったりすることがある。

これに対して詩は、それとなく人を戒め、やさしくなぐさめるという効果がある。

多忙な現代人は、いまさら詩人にはなれないとしても、せめて『詩経』の持つ意義は理解し、他者の声に耳を澄まして道を誤らぬようにしたいものである。

心の中で思いを育てる

後の人々が日本の歴史を振り返るとき、小学校での異様な風景として取り上げることになるのは、給食時間の「黙食」であろう。

給食は向かい合って楽しくという通念が崩《くず》れ、黙って前を向いて孤食するという光景は何とも異様である。もっともわが家では、長年連れ添った家族とは、もはや以心伝心の崇高な境地で、コロナ禍のはるか以前から、ほとんど黙食状態なのではあるが。

それはさておき、話すという人間特有の行為については、古代中国の思想家たちも重要な問題としてたびたび取り上げている。

しっかり自分の意見を表明しましょうという立場もあれば、寡黙《かもく》なことを美徳とする思想もあった。

たとえば、五経の一つ『詩経』の解説として、「詩は志の之《ゆ》く所なり」という言がある。心の中の率直な思いを言葉で表出したものが詩だという意味である。

また、孔子は、人間の意志と言葉についてこう言ったとされる。

内に秘めた意志はそのままでは他人には分からない。言葉で表現してはじめて気持ちが伝わる。ただそれだけでは広く遠く、また未来にまでは伝わっていかない。だから言葉には適切な修辞が必要だと（『春秋左氏伝』）。

さすがに孔子は、言葉の持つ力と意義を十分に認識していた。

ところが一方で、孔子はこれとは違う言語観も表明している。「駟《し》も舌に及ばず」（『論語』顔淵《がんえん》篇）と。

これは、当時世界最速とされていた四頭立ての馬車「駟」も、人の舌にはかなわないというのが表面上の意味で、そのこころは、一度口に出した言葉はもう取り戻すことができない、だから言葉は慎みましょうというものである。

また、老荘思想では、言葉こそ、世界の真実をゆがめ人間を不幸にする元凶ではないかと警告した。さらに仏教の禅宗では、達磨《だるま》大師が壁に向かって九年間も座禅を組んだとされるように、言葉を用いずに悟ることを尊重した。

確かに、言葉では自分の気持ちが相手にうまく伝わらないと感ずることもある。また、ものごとを的確に表現できず、人を傷つけてしまうことさえある。

人間は言葉を獲得することによって文明化をとげたのであるが、一方では、その言葉によって多くのストレスやトラブルをかかえることにもなったのである。

このように、言葉の価値観は振り子のように大きく揺れている。

そこで、明代を代表する処世訓『呻吟語』も、この両方の立場をしっかり受け止めて、次のようにいう。

真機《しんき》真味《しんみ》は涵蓄《かんちく》せんことを要《よう》す。

（『呻吟語』性命《せいめい》篇）

（真の妙機《みょうき》や真の妙味《みょうみ》は心の中に含み蓄《たくわ》えておくことが大切である。）

「真機」や「真味」はやや難しい漢語であるが、ここでは、何とも言えない微妙ですぐれたおもむきのこと。そうした味わい深い思いはすぐには口にせず、心の中でゆっくり養い育てるのがよいという。

つまり、『呻吟語』の著者呂新吾は、言葉の魅力を認めた上で、それを軽率に発するのではなく、心の中にしまい、充分に時間をかけてから発するのがよいと考えたのである。

そうであれば、たとえ「頑張ろう」「大丈夫だよ」というたったひとことでも、しっかりと相手の心に届くであろう。

呂新吾の生きた明代は、メディア革命の時代であった。印刷技術が発達し、多くの庶民も本を手に取るようになった。

言論が活発化したのはよいが、軽《けい》佻《ちょう》浮《ふ》薄《はく》の言説も横行する。呂新吾が言葉の涵養《かんよう》を推奨するのはそのためである。

だから小学生の黙食も、言葉を育てる大切な時間と考えれば、一概には否定できない。わが家の黙食も、ワインを寝かせて熟成させるための手立てと思えば、その沈黙には大きな意味があると言えよう。

常に退路も残しておく

見上げるような兵士の立像。その前から、しばらく立ち去ることができなかった。

教え子の結婚披露宴に招かれて、はじめて青森に行ったときのことである。参列する当時の教え子たちの計らいで、前日に青森入りし、観光に連れて行ってもらった。

市内から車で南に向かい、奥入瀬《おいらせ》渓流へ。マイナスイオンを胸いっぱいに吸って、心洗われるような清流をたどり十和田《とわだ》湖畔へ。そして、豪雪でも知られる名湯酸ヶ湯《すかゆ》温泉へ。九月であったがすでに初冬の気配。「千人風呂」で体を温めた。

ただ、何より小生の心をとらえて離さなかったのは、八甲田《はっこうだ》山麓《さんろく》に立つ後藤房之助《ふさのすけ》伍《ご》長《ちょう》の像であった。

明治三十五年（一九〇二）一月、緊張するロシアとの関係を背景に、帝国陸軍は八甲田山での雪中行軍《せっちゅうこうぐん》演習を敢行。折からの暴風雪により、訓練参加者二百十名中、百九十九人が死亡するという前代未聞の大遭難事件となった。

仮死状態で発見された後藤伍長は、あたかも部隊の所在を知らせるかのように、半分埋もれた雪の中に直立したままであったという。

どうしてこのような大惨事が起こったのか。予想を超えて急速に発達した冬型低気圧、装備や通信機器の不足、部隊内の指揮系統の混乱などが指摘されている。ただ、より根本的な問題だったと思われるのは、軍隊というものが宿命的に持つメンツではなかろうか。

天候が悪化したから途中で止めて帰営しましたというのでは、メンツ丸つぶれである。何としてでも行軍を成功させなければ恥ずかしいという思いが、冷静な判断を奪ってしまったのである。はじめから自分の退路を断《た》っていたと言えようか。

退路を塞《ふさ》ぐということは、「追い込む」とも言い換えられる。自分を追い込んで頑張るということは時に大切である。ただ、それにも限度があろう。まったく逃げ道をなくしてひたすら自分を追い込めば、耐えきれずに自滅してしまう。逃げ道は必要なときもあるのだ。

また、逃げ道は自分だけではなく、他人や敵についても考慮しなければならない。

洪自誠の『菜根譚』は、このように述べている。

奸《かん》を鋤《す》き倖《こう》を杜《ふさ》ぐは、他《かれ》に一条《いちじょう》の去路《きょろ》を放《はな》つを要《よう》す。

（『菜根譚』前集一四〇条）

（悪人を排除し、へつらい者をなくすには、彼らに一筋の逃げ道を設けておく必要がある。）

これはどういうことだろうか。もし、相手を完全包囲して、一切の退路をなくしてしまえば、彼らは自暴自棄となって無茶苦茶な行動にでる。そうなれば、かえってこちらが傷を負うことになろう。一筋の逃げ道を残しておけば、こちらが何をしなくても、彼らはすごすごとそこから逃げていくのである。

この原理を古代中国の兵学として説いたのは、『孫子』であった。「敗北して帰還しようとする敵軍をとどめてはならない。包囲した敵軍には逃げ口を残しておけ」と説く。

その逃げ口のことを『孫子』は「闕《けつ》」という。城壁の門の意で「欠」に通じる。中国古来の街は高い壁に囲まれている。東西南北の四方にある大門の上に楼台《ろうだい》を設けて物見《ものみ》とする。ちょうどその下が、くりぬいた（欠けた）空洞のようになるところから、その門を「闕」というのである。

『孫子』のいう「闕」とは、『菜根譚』が述べる「一筋の逃げ道」にあたるだろう。必ずしも敵だけではない。広く相手に対する配慮だ。

どこか欠けていること、一つ開《あ》いていることは、自分にとっても相手にとっても重要なのである。

自身の行動を振り返ってみよう。スケジュール帳に先々の予定を黒々と書き込み、それで自分を追い込んでいないだろうか。今は大きな破綻がないとしても、いつか予定通りにいかなくなることもあろう。そのとき、どれを削るか、退路を決めておく必要もある。

また、共同作業の折、他人に締切厳守を迫ってしまうことはないだろうか。自分はともかく、人の多少の遅れは許そう、と心に余裕を持ちたいものである。

恥の気持ちに問いかける

人の上に立つ人が誤ってはならないもの。それは、叱るという行為であろう。

部下や他人の過失を指摘し、改善を求めないと、同じ過ちがまた繰り返される。言いたいわけではないが、立場上、言わざるを得ない。しかし、言い方によっては、相手の反発を招いたり、相手の心を折ってしまったりすることもある。なんともやっかいな問題だ。

小生も学生を叱る際には、楽曲付きフルカラーの映像が突然寒風吹きすさぶモノクロになってしまうような感じを抱いた。学生はどう受け止めるだろうかなどと気弱な小生が暗い気持ちになっているうちに、そのタイミングを失ってしまったこともしばしばである。

中国古典の中にも、こうした対人関係の課題について言及したものがある。

「孫子の兵法」として知られる兵学書『孫子』は、将軍の資質として「仁」と「厳」が必要だという。「仁」は部下に対する思いやり、やさしさ。「厳」は泣いて馬謖《ばしょく》を斬《き》るような厳しさである。そして、優先順位としては、まず部下を充分に「親附《しんぷ》」させ、それから次第に厳しい「罰」を適用するという。

『孫子』がこうした順番を説くのは、戦争の大規模化によって、それまで貴族戦士だけで構成されていた軍隊が、国家総動員のもとに雑多な集団となったからであろう。

やる気のない兵士たちをいきなり叱りつけても誰もついてはこない。だからまずはしっかりと部下を手懐《てなず》けることが大切だというのである。

「親附」とは親しみなつくという意味。この人となら、一緒に戦場に行き、生死を共にしてもよいと部下が思うようになるということである。

これに対して、明代の処世訓『菜根譚』は、これとは逆に、人心掌握の秘訣として、はじめに厳しく、後からやさしく、と説いている。

部下に慕われたいとはじめから甘い顔をすると、軽い上司だとなめられてしまう。それでは組織はゆるくなる。はじめこそ肝心。ここでしっかり厳格に対処する。そうしてある程度、組織が締まってきたら、やさしく接する。すると部下は、この上司にもこんなやさしい一面があったのかと、ますます信頼感を増すのだという。

さて、どちらが現代の社会に合っているのか。一概には言えないが、柔と剛、仁と厳、賞と罰、この使い分けや優先順位をしっかり意識する必要はあるだろう。

いずれにしても、剛や厳の段階では、叱るという行為が発生する。完璧な人間はいないので、誰にでも失敗はある。では部下に失敗があった場合、どうするのか。

処世訓の傑作『呻吟語』は、このように説いている。

君子《くんし》は人を攻《せ》むるに、其《そ》の過《あやま》ちを尽《つ》くさず。

（『呻吟語』倫理《りんり》篇）

（君子が人を責めるときには、その誤りをとことんまで追及するようなことはしない。）

人を責めるときには、その誤りをとことんまで追及するようなことはせず、少し心の内にとどめて相手が深く恥じ入る余裕を残す。みずから反省させてこそ、味わいがあるということだろう。

これは何とも深遠な教えである。叱るというのは、相手が赤面し舌を巻くまで追い詰めることではないという。頭の切れる上司や潔癖な人ほど、他人のミスは許しがたい。つい言いたくもなる。しかしそこで少し言葉を抑え、それにより相手が自ら恥じ入る余裕を残せというのである。

反省とは、みずから省みることであり、他人に厳しく叱られたからただちに改善するというものではない。

孔子もかつて、「恥有りて且《か》つ格《ただ》し」（『論語』為政篇）と述べていた。これは、民を統制しようとして刑罰を乱用すると、民はその網の目を逃れることばかりを考えるようになるから、あくまで君主の人徳で導いて行かなければならないと説いた言葉である。

人が正しくなるかどうか。それは、己の心に問いかけて恥の気持ちを抱くかどうかにかかっているのである。叱る行為は、そのような恥の観念と関わってこそ生きてくる。

切磋琢磨で向上する

史上最年少で八冠達成。将棋の藤井聡太氏の快挙である。

この藤井八冠をはじめ、現在の若手棋士の多くはＡＩを活用しているという。かつては、仲間と練習対局をしたり、一人で詰め将棋をしたり、過去の棋譜を見たりして向上に努めていたが、今はそれに加えて、ＡＩとのバーチャル対局が重要な練習の場になっているのである。

将棋のテレビ中継には、一手ごとにＡＩによる勝敗確率と最善手の予測が表示される。藤井八冠が驚異的なのは、そのほとんどがＡＩの示す最善手になっていることである。そしてさらにすごいのは、時に、ＡＩがそれほど高く評価しない手を繰り出すところである。相手もＡＩも意表を突かれるような差し手がひらめく。これが並々ならぬところではないか。

　こうして将棋の世界ではプロ棋士とＡＩとは良好な関係でともに進化を遂げているようであるが、近年、対話型ＡＩの登場により、大いに懸念されている業界がある。それは、大学などの高等教育機関である。

　これまでレポートや論文は本人が自力で書くということが大前提になっていた。もちろん多くの参考文献にも助けられるのであるが、構想を立て、文章を執筆するのは本人である。だからネットからコピーしてきたようなレポートは評価されず、時には剽窃と言われ単位を落とすことさえある。

　一方、対話型ＡＩでは、たとえば、「現在の日本経済の特効薬となるような方策を五つあげて」などと問えば、ほんのわずかの間に、ＡＩが膨大なデータから答えを導き出し、整然とした箇条書きの文章で示してくれるというわけである。

　これではもう怠惰《たいだ》な学生は自分でレポートを書く気にはならないだろう。あとはその回答に少し手を加えて完成・提出となる。

　また評価する側も困惑する。対話型ＡＩによる文章は、どこかにある文章をコピーしたものではなく、問いに対する答えとして新たに生成されたものなので、現在の剽窃判定ソフトで見分けることは困難である。

すでに一部の大学では、レポートや論文の執筆に対話型ＡＩの使用を禁止する旨《むね》を表明した。楽をしてＡＩに書いてもらうなど、もってのほかということであろう。

さらに、著作権の侵害や個人情報の流出という懸念もある。

ただ、本当にすべて害悪なのか。こうした技術に弱い小生には到底判断はできないが、過去の歴史にさかのぼって一つ言えるのは、新たな技術が登場しようとするときには必ず強い抵抗があったということである。

たとえば、コピー機が登場したとき、研究の世界では強い反発があったという。自分の手で書かなければ記憶として定着しないと。

確かにそれは正論なのであるが、コピー機は今では当然のものとして仕事を支えるツールとなっている。

では、対話型ＡＩに期待できるのはどのような点だろうか。それは「研鑽《けんさん》」ではなかろうか。ＡＩに答えと文章を丸投げするのではなく、自身の描いた基本構想、考察や文章の是非を、もう一人の自分に問い、さらに研鑽して高みを目指すというのなら、小生も一度試してみたい。

実は、明代の処世訓『呻吟語』は、古代の孔子の集団をたとえとして、この研鑽の重要性を指摘している。

孔門《こうもん》の師友《しゆう》は、窮問《きゅうもん》し極言《きょくげん》するを厭《いと》わず、相然諾《あいぜんだく》し承順《しょうじゅん》せず。（『呻吟語』問学《もんがく》篇）

（孔子一門の師友は、徹底的に質問し率直に発言するのをいとわず、いい加減なところで納得して承知することもなかった。）

孔子とその弟子たちは切磋琢磨した。それが互いの向上につながったのである。上から下への一方通行ではない。「切磋琢磨」とは、いずれもするどくみがくこと、「研鑽」も砥《と》石《いし》でみがき、錐《きり》でうがつという意味である。簡単に切られてしまうようでは、互いの進歩とはならない。

人と人、また人間と技術の関わりには、この切磋琢磨・研鑽が不可欠である。

三、ピンチと感じたとき

山登りの方法は一つではない

「パーミル」と聞いてわくわくする人は鉄道ファンであろう。小生もその一人である。百分率がパーセント。パーミルとは千分率を表す鉄道用語である。たとえば、水平距離一キロメートルを進む間に二〇メートル登るような勾配《こうばい》は二〇パーミルとなる。明治時代に急勾配の代表とされていたのは、信越本線の横川―軽井沢間の碓氷《うすい》峠で、六六・七パーミルの驚異的な坂であった。蒸気機関車二台でも押し上げることは難しく、アプト式鉄道となっていた。

アプト式とは、二本のレールの中央に歯形の軌道（ラックレール）を敷き、それを機関車の両輪の間の歯形の車がかむことによって急勾配を上り下りができるようにした鉄道である。スイス出身の技術者カール・ローマン・アプトが一八八二年に開発したことから、その名をとってアプト式と名づけられた。

信越本線では昭和三十八年（一九六三）まで現役であったが、長野新幹線の開通で、この区間自体が廃線となってしまったため、とうとう小生はこのアプト式六六・七パーミルを実体験することはできなかった。

ただ先ごろ、二五パーミルの線路を体験した。それは福井県の敦賀《つるが》から大阪に向かう北陸本線である。大阪から敦賀に行くときはまっすぐの下り坂だから感じなかったが、敦賀からの帰りは違っていた。

敦賀駅を出ると、すぐに衣掛山《きぬかけやま》の急勾配にさしかかる。特急サンダーバードは右に大きく旋回しながらトンネルに入った。これを出ると、後にしたはずの敦賀市内が一瞬左手の眼下に見え、再び右旋回しながらトンネルに入り難所を登り切る。

鉄道ファンにはたまらない上《のぼ》りループ線である。急勾配を緩和するために、大きくらせん状に線路を敷設《ふせつ》したものだ。小生、まるで遠足に参加した小学生のように車窓にはりついてしまった。

アプト式といい、ループ線といい、近代日本の鉄道は、苦難に耐えながら路線を拡張していく。国土が狭く、山が海岸線に迫っている日本では、急勾配をどう克服するかが重要な課題だったのである。

それは人生においても同じであると、処世訓『菜根譚』は次のように説いている。

山に登りては側路に耐《た》え、雪を踏みては危《き》橋《きょう》に耐う。一の耐《たい》の字、極めて意味あり。

（『菜根譚』前集一七九）

（山に登るときには険しい坂道でも耐えて進み、雪を踏み行くときには危ない橋でも耐えて進め。この「耐」の一字にきわめて深い意味がある。）

「耐」の一字こそが大切だという。不遇なときというのは、急坂の道を進むのに似ている。「耐」とは、じっとしているということではない。そこで立ち止まったり、ずるずると後ずさりしたりするのではなく、何とか方法を考えて一歩ずつ登っていく。不遇なとき、困難なときこそ、「耐」の字を思い出して進むことが肝心なのである。

ただ、耐えながら進む方法はいろいろあっていい。脚力すぐれた人は一気に自分の足で登ってもよい。しかし、それでは進めない、無理に登れば転落してしまうと思う人は、大きく旋回しながら、つまりループ線で登ってもいいだろう。あるいは、他人の協力を得て、歯車をかみ合わせるようにして、つまりアプト式で進んでもいい。

一つの方法しかないと思うから困難に負けてしまう。近代日本の鉄道敷設のように、知恵と技術と情熱を結集して、いろいろな方法で対処すればよいのである。

ところで、現在、世界の鉄道の最大勾配はどこか。それは、スイスのピラトゥス鉄道である。真っ赤な車体は、横から見ると平行四辺形をしている。勾配は驚異の四八〇パーミル。ほとんど垂直の壁をよじ登るような感覚だろう。

日本では、大井川鐵道井川《いかわ》線が九〇パーミル、箱根登山鉄道が八〇パーミルと続く。この急坂を人力で疾走する箱根駅伝第五区のスター選手が「山の神」と賞賛されるのは、誠にもっともなことである。

じっと我慢するか、感情を発散させてしまうか

春から夏にかけて、新たな道を歩み始めた方もいらっしゃるのではなかろうか。

新人ばかりではない。別の部署・役職に就かれた方、あるいは転職・退職を機に再出発されようとしている方。人生にはいくつもの分岐点と出発点がある。

古代中国では、この問題を「哲学」としてとらえ、そのあまりの重大さに涙を流した思想家もいた。

今から二千数百年前、戦国時代の諸子百家の一人に楊朱《ようしゅ》という思想家がいた。快楽主義者、個人主義者として有名な異色の存在であった。その楊朱に、こんな話が残っている。

ある日、楊朱はいくつもの分かれ道がある大通りの前で、声を上げて泣いたという。

この故事を伝える『荀子《じゅんし》』によれば、楊朱はたった一歩をどちらに踏み出すかによって後に千里もの違いが出ることを悲しみ泣いたのであるという。

また漢代の『淮南子《えなんじ》』という本も、この話を取り上げ、分かれ道の最初の一歩で、北へ、あるいは南へと進路が大きく分かれてしまうことを泣いたのであると説明する。

これらはいずれも、人生の岐路における選択の重大さ、困難さを説くものとして、「楊朱慟哭《どうこく》」の故事を伝えるのである。

確かに、小生のささやかな人生経験でも、こうした分岐点はいくつかあったと、今になって気づく。ただ、そのときには深刻な自覚もなく、また嘆き泣くこともせず、分かれ道の一つをただ歩いてきたように思う。

さすがに古代の哲学者は違う。はるか千里の先を憂《うれ》えて慟哭したのである。

ところが、この楊朱の故事は、『列子《れっし》』という本では、こういう話になっている。ある日、楊朱は、隣の家の羊が逃げ出し、隣人が捕まえようとしたが、分かれ道が多くてついに捕らえられなかったと聞き、大いに思い悩んだという。

そしてこの悩みについて、大道《だいどう》は多岐《たき》のゆえに羊を失い、学問も多方ゆえに真実を見失うのだと解説する。ここでは、楊朱の嘆きが、学問・真理を究めることの難しさに結びつけられている。

ちなみに「多岐亡羊《ぼうよう》」という成語は、この『列子』の伝える故事に基づくものであろう。ものごとが複雑なので枝葉末節にとらわれて真理を見逃してしまうという意味である。ただここからは、楊朱が泣いたというイメージを想像するのは難しい。

いずれにしても、快楽主義者として有名だった楊朱が悩み泣いたというのは、とても興味深い。快楽を追求するからこそ、楊朱は己の生を重視し、人生の、あるいは学問の岐路を深刻に受け止めたのである。

古代中国の思想が豊かで面白いのは、こうした点である。儒教のように道徳や礼儀を説く思想ばかりではない。

漢代以降は儒教で統一され、思想は安定するが、また硬直もする。

それ以前はまさに諸子百家。さまざまな思想が花開き、このような人生哲学も興味深い故事として表明された。

では、そうした分岐点にさしかかったとき、我々はどうしたらいいのだろうか。その秘訣を明代の処世訓『呻吟語』はこう語る。

忍激《にんげき》の二字《にじ》は、是《こ》れ禍福《かふく》の関《せき》なり。　（『呻吟語』存心《そんしん》篇）

（じっと我慢するか、感情を発散させてしまうか、それこそが幸と不幸の分かれ目である。）

確かに、ものごとへの対処法には大きく言って二つの選択肢がある。一つは自制し、感情を抑えること。もう一つは思いの丈《たけ》をぶちまけることである。

どちらがいいとは断定できないように思うが、『呻吟語』の著者呂新吾は、我慢の方を推奨する。

おそらくは、長い人生経験の中からたどり着いた結論なのであろう。感情を発散させたばかりに不幸を招いた人が多かったからではなかろうか。

どうしようかと迷ったら大いなる我慢を選ぶ。それが幸せへの道だと先人は諭している。

反省が薬石となる

オンラインの時代である。会議、授業、講演、研究会、さらには就活の面接まで、オンラインの機会が増えた。

教員生活三十年を越える小生も、メディア授業とかオンライン会議などは、はじめての経験である。

そこで、研究室出身の後輩や教え子に呼びかけて、「オンライン時代の教育研究を考えるオンライン会議」というのを開催した。予想以上の反響で、みな孤軍奮闘している様子がよく分かった。

参加してくれたのは、大学や高専で教鞭を執《と》っている関係者であったが、小生、ここにどうしても学生を加えたいと思い、研究室の学部二年生に参加を促した。

この学生とは、はじめに一度だけ対面したが、その後はすべてオンライン授業での指導となっていた。学生はオンラインをどう感じているのか。異例のことではあるが、教員を中心とする会議で発表してもらうことにしたのである。

その学生の指摘によれば、オンライン授業の問題として、まず通信環境への配慮不足があるという。教員は研究室の有線ＬＡＮに接続して通信は安定しているかもしれないが、学生はそうではなく、画像や音声が途切れることもあるという。

また教員の中には、手元の資料が相手に見えていると錯覚して、「ここ」とか「それ」などの指示語を乱発する者がいるという。しかし学生の側は何のことやら分からない。

さらに、ユーチューバーさながらに一コマ九十分をフルに使って話し続ける教員もいるが、学生は、授業内容を充分に消化できないまま、わずか十分の休憩の後、次のオンライン授業に臨まねばならない。せめて最後の十分は学生自身が授業を振り返り、ノートをまとめる時間にしてほしいという。

一方、オンラインを苦手とする教員は、やたらと添付ファイルで課題を押しつけて、授業を済ませたことにするという。提出した課題へのフィードバックがなければ、本当に教員がレポートを読んでくれているのか不安だと訴える。実は小生このタイプに近く、深く反省した次第。

こうした率直な意見は、通常の教室での授業からは分からないことで、オンライン会議に参加していた全員に大きな衝撃を与えた。

教員側は、職場からいきなりオンライン授業を指示され、見よう見まねで始めたはよいが、想像を絶する苦労を強いられた。

通常の授業なら、教室の前後左右に視線を移しながら、受けない冗談も交え、時にはゆっくりと板書し、あるいはその場で書籍や資料を回覧したりして、緩急を付けることができる。

しかし、オンライン授業では、パソコンの画面に釘付けにされ、常に受講生が自分の顔を凝視することとなる。そのため、言いよどんではいけないとの恐怖感にかられ、膨大な時間を使って授業準備をする。レポートへのコメントも丁寧に行う。これは大変な苦労であった。

ところが、困っているのは、教員だけではなかったのである。いやむしろ、大いに困惑しているのは学生の側なのであった。コミュニケーションとは、発する側と受ける側との両方が納得してはじめて成立する。

この会議の最大の収穫は、学生の視点からの率直な意見を聞き、教員の側が自身のオンライン授業を省みるとともに、これからの授業のあり方を真摯に再考したという点にあろう。平素教える側が教えられ、学生の言葉が薬になったのである。

反省が薬になることを『菜根譚』もこう言っている。

己《おのれ》を反《かえり》みる者は、事《こと》に触《ふ》れて皆薬石《みなやくせき》と成《な》る。

（『菜根譚』前集一四六）

（自分を反省する人は、何事に触れてもすべてが身を養う薬となる。）

「薬石」とは、薬剤の総称であるが、もともとは、薬と鍼《はり》（石製のはり）のこと。病気を治す薬剤や道具を意味する。そこで、人生の戒めとなる言葉を「薬石の言」とも言う。

この日のオンライン会議は、参加者それぞれにとって貴重な「薬石」となったのである。

公論の名を借りて私情を通してはならない

スマホの時代である。電車の中で読書する姿はまれになった。ところが先日、東京に出張し、地下鉄に乗ったところ、とても珍しい光景に出会った。小生の向かいの席に座っていた若者が、トランプを始めた。ババ抜きのように、四枚のカードを扇形に広げている。

いやまてよ、老眼をこすってよく見ると、それはトランプではなく、スマホであった。四台のスマホを扇形に広げて両手で持ち、何やら操作している風。こちらは一台のスマホさえ使いこなせないというのに。

さすが日本の首都東京、奇特なことよと思い、大阪に帰ってから家族に土産《みやげ》話として披露したところ、何言ってんのん、天王寺《てんのうじ》公園に行ってみなはれ、と一蹴された。

それは、多種多様なキャラクターを見つけて集めるスマホゲームなのだという。一台では効率が悪いので、いきおい台数は増えるらしい。

家族の教えるところによれば、天王寺公園周辺ではレアなキャラクターがよく捕れるとのことで、自転車の前籠に八台くらいのスマホをクシのように刺して走っているおっちゃんがいるという。

ここまでではないとしても、会社用、自分用で複数台のスマホを持つ人も多いだろう。ゲームだけではない。公私にわたって多くの貴重な情報が得られる。その速報性は驚くべきものだ。新聞はもはや「新」聞ではないと思っていたところ、新聞社自体が電子版を発信し、こちらのスマホに速報を送ってくれる。

新聞社の速報ならまず間違いないだろうが、スマホからあふれる多くの情報は玉石混《ぎょくせきこん》淆《こう》。それらを整理・分析する能力が問われるだろう。

古代にスマホはなかったが、それに代わるものとして「公論」があった。民衆の世間話から政府の公式発表まで幅広いが、その公論について、明代の処世訓『菜根譚』はこう述べている。「大衆が疑っているからといって、自分一人の意見を棄てるようなことがあってはならない」と。

多くの人が声高に語っていれば、それが真実だと思い込んでしまう。大衆の意見に引きずられて自分の意見や信念を曲げてしまう危険を説いている。

また、これに続いて、こうも言っている。

公論を借《か》りて以《もっ》て私情を快《こころよ》くすること毋《な》かれ。

（『菜根譚』前集一三〇）

（公論の名を借りて私情を楽しむようなことがあってはならない。）

今度は、その公論を操作したり、便乗したりして自分の意見を押し通すことを戒めている。

今から四百年前、すでに「公論」の大切さとその危険性が問題にされているのである。日本で「公論」が政治上の重要概念となったのは、ようやく幕末になってからである。福井藩の橋本左内《さない》は、一部の武士や公家《くげ》の意見によってではなく、この「公論」によって政治を進めるべきだと唱えたが、時代をはるかに先駆ける思想はただちには受け入れられず、左内は安政の大獄で捕らえられ、斬首となる。

それがようやく公認されたのは、明治天皇による「五箇条のご誓文《せいもん》」の第一条「広く会議を興し、万機公論に決すべし」においてであった。

古代中国では、『菜根譚』よりもはるかに昔、『韓非子《かんぴし》』という法思想を説いた書に、「公」と「私」の区別が説かれている。「私」の左の「禾」（のぎへん）は収穫した穀物のこと、右側の「ム」はそれを自分だけで抱え込むこと。「公」とは、その「ム」を「八」（開く）ことだという。

また『韓非子』は、「三人言《い》いて虎を成《な》す」とも言っている。山奥深くにいる虎が市街地に出てくることはなく、一人や二人が「虎が出た」と言っても誰も信じないが、三人もの人が口々に「虎が出た」と言えば、虎が出たことになってしまうという。まるでＳＮＳの時代を予見し、警告を発しているかのようだ。

『韓非子』の時代から二千三百年、『菜根譚』の言葉から四百年、明治憲法発布から百五十年、私たちの「公論」は、はたして熟したのだろうか。

幸と不幸、喜びと苦しみは紙一重

誕生日にケーキでお祝いをするという風習は、そんなに古くからあるものではなかろう。日本の江戸時代までは、そもそもケーキがなかったのだから、早くても明治時代以降の習慣ではなかろうか。

わが家でも、家族や自身の誕生日には近くのケーキ屋で買い求めることにしている。小生は、お酒の飲めない甘党なので、評判の良いこの店に行くのを楽しみにしている。

若い女性店員が「ロウソクは何本お付けしましょう」と問うのだが、こちらは還暦を超えた老人、まさか六十本とは言えない。そんなに立てて火を付けたら、ロウでケーキがドロドロになってしまうだろう。そこで小さな声で、「六……本」などとごまかすと、「ああお孫さんの……」などという顔をされて愕然とすることになる。

さらにプレートを付けるサービスもあるとのことで、「○○ちゃんおめでとう」の○○のところに入れる名前を言ってくれという。さすがにこれは無理なので、毎回固辞することにしている。

しかし、そもそも本当に自分の誕生日とは祝うものなのか。ヨーロッパから入ってきたとされるこの風習は、おそらくキリストの誕生を祝う、すなわちクリスマスと関連があろう。世界を代表する神ならいざしらず、我々凡人の誕生についてはどうなのであろう。

こうした疑問について、明代の処世訓『菜根譚』は実に意外な答えを用意している。

子《こ》生《う》まれて母危《あやう》く、鏹《きょう》積《つ》んで盗窺《うかが》う。何の喜びか憂《うれ》いに非《あら》ざらん。

（『菜根譚』後集一二〇）

（子どもが生まれるとき母親の命は危うくなる。鏹［銭さし］にお金を貯め込めば盗《ぬす》っ人《と》がそれを狙う。どんな喜び事も心配の種にならないことがあろうか。）

子どもの誕生は確かに慶事《けいじ》である。家族が増え、人生に希望の光がともる。しかし出産の日、その母親は死の危険にさらされるのだ。

かつて出産は家で行われていたが、今は万一に備えて病院でというのが普通だろう。極度の難産なら「母子ともに健康」という決まり文句も言えなくなる。帝王切開や輸血という事態も想定しなければならない。

つまり、『菜根譚』の著者洪自誠にとって、誕生日は単純に祝うべきものではなかったのである。

そしてこうした観念は、実は、中国古来の「孝」の思想とも関連する。本当の親孝行者は、自分を産んでくれた母への感謝を忘れず、自分の誕生日を軽率に祝うようなことはしなかったとされる。

中国唐代の名君として名高い太宗李世民は、激しい権力争いに勝利した後、「貞観の治」という太平の世を築いた豪傑でもあった。しかし一方で、大変デリケートな性格も備えていて、自身の誕生日に、母の出産の苦労に深く思いを致し、涙を流したという。

また、出産ばかりではない。お金もそうだと『菜根譚』はいう。お金があるということは生活保障という上で大変安心である。しかし、金庫にたくさんのお金が入っていれば、盗まれるのではないかと心配し、おちおち寝てもいられなくなる。お金があることが逆に心配の種となるのだ。

このように、生と死、幸と不幸、喜びと苦しみは紙一重なのである。

だから逆の場合についてもこう言えるという。

「貧乏すれば費用を節約し、病気になると体をいたわるようになる。どんな心配事も喜びにならないことがあろうか」と。

貧乏や病気は誰もがいやがるものだ。しかし、そこから人は学ぶのである。節約しよう、体をいたわろうと。大病を経験してはじめて健康のありがたさを知ったという人もおられよう。貯金が底をつきかけてはじめて蓄財の大切さを知った人もいるであろう。

人生とは決して平板なものではない。さまざまな起伏が訪れ、それが良くも悪くも人生に厚みと彩りを加えていく。

だから表面的なことに一喜一憂せず、その反対側にある喜びや楽しみ、苦しみや悲しみに思いを馳せることが大切なのだ。

視点を変えて高みを目指す

歌舞伎、文楽、宝塚。演劇ファンの楽しみが自粛生活で制約されていた頃、京都の南《みなみ》座《ざ》に行った。江戸時代のはじめから四条通の南側に位置し、日本最古の劇場とされる。興行はしていなかったが、人数限定完全予約制の舞台体験ツアーというのに参加したのである。

通常千席を超える場内に、三十人ほどの参加者。桟敷《さじき》席から三階席までを自由に参観した後、いよいよ舞台へ。一階席後方の関係者以外立ち入り禁止の扉から花道へ。

「仮名手本忠臣蔵」では、四段目の「切腹の場」で、家老の大星由良之助《おおぼしゆらのすけ》が揚げ幕から登場。花道の七三《しちさん》で、腹を切ったばかりの主君の判官を目にして悲嘆する。前半きっての名場面である。

一七メートルの花道を歩いてすっかり由良之助気分になり、舞台中央に進むと、今度は、直径一三メートルを超える回り舞台が参加者を乗せたまま大きく回り出す。東京ディズニーランドも顔負けの大仕掛けだ。

戦艦大和《やまと》の主砲を回転させる台座の技術が当時世界一とされ、戦後、それが高級ホテル最上階の回転レストランの技術に応用されたというが、この回り舞台も、それを彷彿《ほうふつ》とさせるすばらしい技術である。江戸時代に考案された回り舞台は、はじめ人力で、明治時代以降に電気が普及してくると電力によって回転し、舞台照明とともに演劇の姿を大きく変えていった。

次に、セリ。舞台の昇降である。長方形の一部がまず二メートル下の奈落《ならく》に沈み、今度は別の一部が二メートル上にせり上がる。

奈落では、左右に小さな通路があって、役者はここから移動し、時には衣裳を代え、早変わりで舞台に再登場して観客を驚かせる、という仕組みがよく分かる。

せり上がると観客席を真上から見下ろすような感じになる。天井の照明も近くなり、熱が肌に伝わってくる。ここで見得《みえ》を切る役者の気持ちはいかばかりであろうか。團十郎なら「成田屋！」、勘三郎なら「中村屋！」の声が大向こうからかかるところだ。

このツアーでは、花道を進み、回り舞台に乗り、セリを体験できた。通常とはまったく異なる視点から観客席を見ることができたのである。視点を変えることにより、見えてくる風景は違ってくる。

人生において、こうした視点変換が必要であることを、洪自誠の『菜根譚』は次のように説いている。

身《み》を立つるに一歩を高くして立たずんば、塵裏《じんり》に衣《ころも》を振《ふる》い、泥中《でいちゅう》に足を濯《あら》うが如《ごと》し。如何《いかん》ぞ超達《ちょうたつ》せん。

（『菜根譚』前集四三）

（身を立てようとすれば、世俗よりも一歩を抜け出ていなければ、あたかも塵芥《ちりあくた》の中で衣をふるい、泥水の中で足を洗うかのようだ。）

人間とは弱いもの。知らず知らずのうちに習慣に染まってしまう。一歩抜け出る気概を持っていなければ、塵の中で袖を振るい、泥水の中で足を洗うようなものだという。これでは決してきれいにならない。

ところが、『菜根譚』は他の箇所で、一歩退くことの大切さを説いている。謙譲の美徳である。それによって、結果的には早く前に進めるのだと述べていた。

しかしここでは、一歩高くあれ、と説いている。これは、矛盾した主張であろうか。

いやそうではない。視点を変え、目標を少し高く掲げることが大切だと言っているのだろう。常に俗世と同じレベルで過ごしていれば、周囲に染まり、人と同じような考えと価値観を抱いて疑わなくなり、ついには埋没してしまう。そうならぬよう、人より一歩高いところに心を置くことが大切だという。

花道を歩き、セリに乗れるのは、一握りの花形役者のみである。我々はそれを観客席から仰ぎ見る。いや、チケットが高額であれば、その観客席にすら入れないだろう。

しかし、人生には、必ずいつかその人なりの花道を進むときがくる。七三で見得を切り、せり上がって名台詞《めいせりふ》を述べる機会もあるはずだ。

その日のために、視点を変え、一歩高い目標を掲げてみよう。

長く地上に伏せていた鳥は

「エフォート」（effort）という単語が公文書に見えるようになったのは、十数年前からだったと記憶する。それまではまったく知らない言葉だった。

英語でのもともとの意味は、努力や尽力というものらしい。横文字にうとい小生には無縁のものだった。

それが公文書に出てきたのは、大学の経営と関係する。予算は年々激減。黙っていても支給される研究費は、定期購読の雑誌や本代、コピー代などで消えていく。

そこで、大きな研究を目指す者は、自らの努力で外部資金を調達せざるを得ない状況となった。その一つが、日本学術振興会の科学研究費補助金、通称「科研費《かけんひ》」である。

その申請書に新たに加えられたのが「エフォート」欄であった。そこでの意味は、研究者の年間の全仕事時間を一〇〇とした場合、申請した研究課題の実施に必要となる時間の割合というものであった。

申請した研究への熱意を示そうと、この割合を八〇や九〇にする人がいるが、これは現実的にはありえない。「全仕事時間」とは研究の時間だけではなく、授業や会議、その他もろもろの公務をすべて含むからだ。それにもかかわらず、この数値を大きくしすぎると、そんな研究は夢物語だと判断されてしまう。

一方、授業や会議が忙しいからとして、これを一〇や二〇に抑えてしまうと、今度はやる気があるのかと疑われ、不採択になってしまう。

幸いに小生は現在の勤務校に落ち着いてから、途切れることなく科研費をいただいている。この外部資金のお陰で、国際学会で研究発表したり、海外での資料調査ができたりするのである。

ただ、本音を言えば、小生の研究エフォートは年々低くなってきている。それは、学内の雑事が次第に増加しているからだ。

また、それ以上に精神的なエフォートを占めているのが弟子の就職問題である。

学部卒で就職する学生はよいが、大学院博士課程に進学して研究者を目指す学生の場合、修了して博士号を取得したからと言って研究職が待っているわけではない。

実はそこから過酷な就活が始まるのである。研究者のポストも減少傾向にある。だから若手研究者にとって、今一番大切なのは「忍耐」だといえよう。

こうした若手や新人に送りたい言葉がある。中国の処世訓『菜根譚』はこう言っている。

伏《ふく》すること久《ひさ》しきものは、飛ぶこと必ず高し。

（『菜根譚』**後集七七**）

（長く地上に伏せていた鳥は、いったん飛び立つと他の鳥よりも高く飛翔する。）

この言葉を聞いて、「三年飛ばず鳴かず」という成語が連想される方は中国通と言ってよい。

中国の古典、たとえば司馬遷《しばせん》の『史記』には、長く政治を怠っていた王に臣下が謎《なぞ》言葉を使って諫《いさ》める故事が記される。

王宮の庭に鳥がいて、三年間鳴きもせず飛びもしません。王様、これをどう思われますかと臣下が問うと、王は、その意味を即座に理解し、こう答える。

その鳥は今、地上に雌伏《しふく》しているのだ。ひとたび鳴けばその声は天下に轟《とどろ》き、ひとたび飛べは天の果てまで飛んでいく、と。そして、国内の政治改革を断行し、その国は一躍強国になったという。

「三年飛ばず鳴かず」とは、今では、成果が出ず、ぱっとしない新人のことを言うようであるが、もともとはこのように、そのときが来るのを待ってじっと耐え忍んでいる人のことを言う。

これに対して、早く芽が出過ぎた人は要注意である。『菜根譚』は続いてこう述べる。
「早く咲き誇った花は、他の花より早く散ってしまう」と。

当然の道理であろう。ぱっと咲いてあっという間に散るのも潔いが、仕事とはそのようなものではない。

遅咲きでもいい。見事な花を咲かせてほしい。その支援のためならば、小生の精神的エフォートはいくら高くなってもよい。

四、四角と丸で生きていく

円と方の生き方

万里の長城のはるか北、中国吉林《きつりん》省の長春《ちょうしゅん》を訪れた。旧満州国の首都である。

この街には、吉林大学という中国古文字研究の拠点がある。中国古典を専門とする小生から学術交流をもちかけそれが実現した。また期間中、近郊の史跡も視察できた。

旧満州国の宮殿が今も残る。ただ、中国政府は満州国を正式な国として認めていないので、その名も「偽満皇宮《ぎまんこうきゅう》博物院」となっていた。満州国は傀儡《かいらい》のにせもの国家ということであろう。

ともかく、映画「ラストエンペラー」（一九八七年）をBS放送で見た直後だったので、感慨もひとしおであった。

わずか二歳で清朝皇帝に即位した溥儀《ふぎ》は、紫禁城の中で育った。しかし、清が滅亡すると、故宮を追放された。

その後、日中関係が悪化し、日本の後ろ盾で満州国が成立すると、その皇帝に即位、新たな年号「康徳《こうとく》」を制定した。

昭和二十年（一九四五）の日本の敗戦により、その満州国も消滅。溥儀は捕らえられ、日本政府の協力者だったとして思想改造のための収容所送りとなる。

自分では靴ひもさえも結べないかつての皇帝に、以前の僕《しもべ》たちは罵声を浴びせる。

十年に及ぶ自己批判の末、ようやく解放された溥儀は、文化大革命の嵐を目の当たりにしつつ、六十一歳の生涯を終えるのである。

何と波乱にみちた一生であろう。波高き人生にどのように対処すれば良いのか、『菜根譚』はこう述べる。

治世《ちせい》に処《お》りては宜《よろ》しく方《ほう》なるべく、乱世に処りては宜しく円《えん》なるべく、叔季《しゅくき》の世に処りては当《まさ》に方円並《ほうえんなら》び用《もち》うべし。

（『菜根譚』前集五〇）

（治世にあっては四角張って生き、乱世にあっては丸く生き、叔季「道徳の退廃した末の世」にあっては、四角と丸の生き方を併用しなければならない。）

治世とは、安定した平和な世。このようなときには、堂々と正論を吐き、四角張って生きても大丈夫。世の中の方が寛容にそれを受け入れてくれるからだ。

しかし、乱世ではそうはいかない。正論は危険視され、下手をすると自分の首が飛ぶ。そのような時代には、混乱を避け、自分自身が丸くなって生きていくほかはない。できるだけ角が立たないよう穏やかにするということだ。

ただ、この二つの世には、まだ対処の仕方が一応分かる。『菜根譚』の著者洪自誠の生きた時代は、明朝が滅び行く時代。洪自誠は、それを「末の世」と考えたようだ。そのような時代にはどうすればよいのか。四角（方）と丸（円）の生き方を併用せよと言う。要するに臨機応変の対応であり、これは、なかなか難しい処世術である。

こうした柔軟な人生観は、明代に突然唱えられ始めたわけではない。たとえば、今から二千五百年前の孔子も、時代の治乱に沿って言動を変えるべきだと主張した。

「国に正しい道が行われているときは、言語も行動も厳しくしてよいが、そうでないときは行動は厳しくしても言葉は害にあわぬようおだやかにする」（『論語』憲問《けんもん》篇）と。

また、その門人筋にあたる荀子《じゅんし》という思想家は、性悪説《せいあくせつ》を説いた人として有名であるが、その荀子も時代の屈伸《くっしん》に即した生き方をせよと提唱した。時代の流れにはバイオリズムのような伸び縮みがあり、生き方もそれに逆らってはならないという意味である。

かつて北京と長春で皇帝として暮らした溥儀は、決して世渡りがうまかったわけではない。高く高く祭り上げられ、そして転落の憂き目を見たのである。

しかし、清朝の滅亡や満州国の崩壊にともなって命を失わなかったのは、無意識のうちに円と方の生き方を併用していたからではなかろうか。収容所では模範囚だったと伝えられている。

長年暮らした住まいを突然奪われる悲痛は、想像を絶するものがある。それに耐えられたのは、溥儀自身が、さび付いた鉄の塊になっていなかったからであろう。そんなことを思いながら、長春の街をあとにした。

趣味の効果と留意点

年が改まると、それを機に何か始めてみようという方もいらっしゃるのではないか。仕事以外の趣味を持つのはとても大切で、人生に彩《いろど》りを添えてくれる。何でもよい、一つ趣味を持ちたいものだ。

我々文系研究者の多くは、「趣味は」と問われ「読書」と回答することになる。しかし読書は仕事でもあるから、それではあまりに味気ない。

では読書以外での小生の趣味はといえば、音楽とスポーツというあたりになろう。

中学校のとき、一年生の前半までは吹奏楽部に入っていた。毎年全国大会に出場する強豪校で、二、三年生で編成する一軍と一年生のみの二軍があった。

入部すると楽器を選ぶことになり、若気の至りでトランペットに飛びついた。何といってもかっこいい。楽器の花形だと思い込んでいた。

だが、監督を務める音楽教師からはホルンを勧められた。おそらく編成上の問題もあったのだろう。しかし、若者にとって、でんでん虫のようにぐるぐる管《くだ》がまわっていて、最後はラッパが後ろを向いているような楽器は、あまり魅力がなかった。

ところが、その判断は誤っていた。社会人になり、クラシック音楽のホールに足を運ぶようになってから、ホルンが大活躍する楽曲を聴いたのである。

グスタフ・マーラーの交響曲第一番「巨人」では、ホルンの音色が全体を支配する。特に最終楽章のクライマックスでは、ホルンパートが全員立ち上がり、肩の高さまで持ち上げて演奏する。これを見たとき、何であのときホルンを選ばなかったのかと、深い後悔に襲われた。

スポーツも同様だ。五十の手習いとばかりに、それまでまったく経験のなかった硬式テニスを始めた。

はじめはスイングの基本から。徐々にクラスが上がっていくのが壮快であった。やがてダブルスの試合形式の練習になり、勝ち負けに一喜一憂するようになった。さまざまな分析と自己反省をしつつ、何としてでも勝ちたいと思うようになった。

他のメンバーからは、小生の練習には鬼気迫るものがあると言われていた。

趣味もここまでくると要注意である。目立ちたい、勝ちたいという思いが強すぎると、せっかくの趣味が台無しになる。

処世訓『菜根譚』は、趣味についてこう語っている。

水《みず》に釣《つ》るは逸事《いつじ》なり。尚《な》お生殺《せいさつ》の柄《へい》を持《じ》す。

（『菜根譚』後集一二）

（水辺で釣りをするのは、世俗を離れた楽しみごとである。しかしそれでもなお、魚を活かす殺すという権柄《けんぺい》［権力］からは離れられない。）

釣りは何とものんびりした趣味であるが、釣った魚を今夜のおかずにするか、そのままリリースするかという権限を握っているのは自分である。そのことに気づき、権柄に酔ってしまうようになる。その危険性を注意している。

また、続いて『菜根譚』は、囲碁《いご》についてもこう述べている。「囲碁は高尚な趣味である。しかしそれでもなお、相手に勝ちたいという闘争の心を動かす」と。

将棋や囲碁も、世俗を離れた清らかな趣味だ。いかにも文人らしい趣味とも言えよう。しかし、「待った」が始まると、とたんに勝負臭くなる。勝ちたいという心がまさると、もう高尚な趣味ではなくなるのである。

趣味は、通常の仕事や家庭環境から少し離れてみる行為である。それにより、いつもとは違う価値観や感情を見いだすことができる。緊張感を解き放ち、心身ともにリフレッシュできるという効果も期待できる。

そこで小生、勝負とは関係のない趣味を始めた。スポーツジムでの筋トレである。試合はない。

だが、マシンの負荷は二・五キロずつ調整できる。自分を追い込み、そのおもりが増えて行くのに喜々とする日々。これではまた『菜根譚』に叱られる。

結局、小生の趣味は、一周まわって「読書」に落ち着くのであろう。

自分の意志を曲げて人を喜ばせるより

元プロ野球選手・監督の野村克也さんとテレビ番組でご一緒する「可能性」があった。ＮＨＫの「１００分de名著」に出演したときのことである。

この番組、一回二十五分、計四回で一つの名著を読み解くのだが、『菜根譚』の最終回に野村さんをゲストとして招く計画があったのだ。野村さんが『菜根譚』の愛読者として知られていたからである。

司会の武内陶子《とうこ》さん（当時）、レギュラーの伊集院光《いじゅういんひかる》さん、講師を務めた小生に加えて、野村さんを呼び、四人で対談するというのがＮＨＫの作戦だった。番組が大いに盛り上がると予想された。

ただ、小生、内心これはこまったことになったとたじろいだ。

この番組の台本、小生と武内さんの部分には、簡略な台詞案が入っているのだが、伊集院さんの部分はすべて空白であった。

不審に思ってＮＨＫの方にうかがうと、伊集院さんは事前の台詞を受け付けず、名著の予習も特にせず、その場で感じたこと、面白いと思ったことを即座に口にする。それが彼の流儀だというのである。

言葉のプロとはそういうものかといたく感心した。ただ、突然繰り出される台詞を受けて小生はどう話をつないだらよいのか、戦々兢々《せんせんきょうきょう》として収録に臨んでいたのである。

そこに、さらにノムさんのぼやきが加わったらいったいどうなるのか。そう危惧《きぐ》したのである。こちらは伊集院さん対策で精一杯なのに、二正面作戦となってしまう。

結局、ノムさんのお仕事のスケジュールが合わず、その企画は幻となったが、もし出演していたら、『菜根譚』について何と言ったのか、また、『菜根譚』を手がかりにして、今の世相や人々をどうぼやいたか、と楽しい想像をめぐらせた。

選手時代は、ＯＮの影に隠れて自らを「月見草《つきみそう》」と評しながらも、戦後初の三冠王に輝いた。監督となってからは、弱小と呼ばれていたヤクルトをＩＤ野球で日本一のチームに育て上げた。

独特のぼやきは、球団側にも選手たちにも嫌われたかもしれないが、決しておもねることをしなかった。その信念を貫き通したのである。

ノムさんが愛読したという『菜根譚』も、こう言っている。

意《い》を曲《ま》げて人をして喜ばしむるは、躬《み》を直《なお》くして人を忌《い》ましむるに若《し》かず。

（『菜根譚』前集一一二）

（自分の意志を曲げて人を喜ばせるより、自分に正直で人に嫌われるほうがましだ。）

一人で生きている人はいない。大小さまざまな組織・団体の中で生活し、仕事をしているのだ。どうしても人の顔色をうかがいたくなる。

サラリーマンであれば、会社と世間、上司と部下の板挟みになることもある。利益と正義の間で揺れることもあるだろう。

そのようなとき、『菜根譚』は、嫌われてもよい、自分に正直に、信念を貫き通せという。

この言葉を聞いて小生が連想するのは、先輩世代すなわち団塊の世代と、それから少し遅れて生まれた小生の世代との決定的な違いである。

先輩世代の方々は、日本の復興とめざましい経済成長に貢献された。日本のためということもあるが、まずは自身が生きるという強い生命力と精神力があったように思う。

研究の世界でも、良い意味での曲者《くせもの》が多かった。研究にも迫力があり、他人の批判などものともしない。

これに対して、平和な時代に生を受けた我々の世代は、良く言えば皆おだやかで協調性に富んでいる。組織内での実務能力も一定程度備えている。パソコンやスマホも何とかこなす。研究も手堅い。

ただ、先輩世代から見ると、かなり物足りないのではないか。自己主張が弱い。顔つきが平板。他人の悪口を言わない、など。

つまり、あえて単純に対比すれば、先輩世代の方々は、「人に嫌われても自分に正直」、我々の世代以下は、「自分の意志を抑えて協調しがち」と言えよう。

他人と協調するのは一つの美徳である。ただそれも度が過ぎると自分を見失ってしまうだろう。時には大いにぼやいてみようではないか。

面会しない、手紙を書かない

年度末が近づくと、にわかに慌ただしくなる。報告書の作成、決算・予算の策定、人事異動。そこで思わず口を衝く言葉「ああ忙しい」「時間がない」。

大学も同様で、通常の授業に加えて、期末試験の実施、論文の指導と査読、入学試験問題の作成・採点と息つく暇もない。研究の時間をどう確保するか、それ自体が研究課題となりそうな日々となる。

明代を代表する処世訓『呻吟語』でも時間は大きなテーマとなっている。著者の呂新吾は優れた文人であったが、この問題ではずいぶん頭を悩ませたようだ。

自身の一日を振り返り、「仕事の上では、ただ人との応酬《おうしゅう》に費やす無駄な努力が、八割を占めている」と述べる。そして、「まともな仕事にあてる時間などなくなってしまうのだ」と嘆いている。

これにより、呂新吾がぐっと身近な存在に感じられよう。彼は科挙の最終試験に合格した秀才であった。小生から見れば雲の上の存在であるが、ああ、あなたもそうだったのですね、と思わず肩を抱きたくなる。

では、この問題を呂新吾はどのように解決しようとしたのだろうか。三つの方法を実践していたという。

人《ひと》に面謁《めんえつ》せず。其《そ》の応接《おうせつ》するに疲《つか》るるを省《はぶ》く。軽々《かるがる》しく書《しょ》を寄《よ》せず。其《そ》の裁答《さいとう》するに困《くる》しむを省く。人の看顧《かんこ》を乞《こ》い求めず。其の区処《くしょ》するに難《なん》するを省く。

（『呻吟語』応務篇）

（人と面会しない。それによって応接の疲れを省く。軽々しく手紙を書かない。それによって相手が返事で苦労するのを省く。人の気遣いを求めない。それによって相手が進退の処置に悩むのを省く。）

第一は、人と面会しないこと。第二は、軽々しく手紙を書かないこと。第三は、人の気遣いを求めないこと。

なんと意表を突く言葉であろうか。一般的には、直接面会したり、こまめに手紙を書いたりするというのが対人関係の基本とされている。ところが呂新吾は、それこそが仕事のさまたげになっていると言うのである。彼は非常識な人だったのであろうか。

いやこれは、自分の都合だけで言っているのではない。たとえば、面会ということになれば、時間調整が必要となるであろう。遠来の客であれば、お土産や会食の準備も必要になるかもしれない。

また手紙を書けば、相手は返事を書かなければならない。当時は毛筆である。呂新吾は、そうした気遣いを相手にさせるのが忍びないと言っているのである。

三番目の「人の気遣いを求めない」というのは少し分かりづらいかもしれない。これは、役人が陰《いん》に陽《よう》に気遣いを求めれば、相手側はそれを忖度《そんたく》し、どうしたらよいかと言動に悩むということではなかろうか。官吏への請託《せいたく》や利益供与という状況が思い浮かぶ。

これらは、地方長官を歴任したこともある呂新吾の実感から生み出された秘訣なのではなかろうか。

『呻吟語』が執筆されたのは、今から約四百五十年ほど前である。当時はずっとのんびりしていたように思われるが、それは小生の誤解であった。

ただ、その忙しさが加速したのは、やはり近代の産業革命後であろう。

明治時代の終わり頃には、実業団や民間団体の世界旅行も見られるようになるが、当時の集合写真を見ると、紳士のベストに懐中時計のチェーンが写っているものがある。

貨客船、鉄道、バス、郵便。すべてのものが時間で正確に動いていく。それまでは日の出と日の入りを基準に生活していた人々が、時間という新たな尺度によって分刻みの労働に励むようになった。

それが人類の大いなる進歩と社会の発展を促したのである。ただその一方で、時間は人間を拘束し、機械のように人々を駆り立てるようになった。その喜悲劇を描いたのが、チャップリン主演の映画「モダン・タイムス」（一九三六年）であろう。

とは言え、もはや時間なしに現代社会は成り立たない。とすれば、『呻吟語』の教えのように、常識を見直すことによって真の時間を生み出していく他はない。

ただ、面会しない、手紙を書かないというのは一つの極論で、そのまま真似する必要はない。会議を早く終わらせる、だらだらと残業しない。要は工夫次第なのである。

想像力は身を救う

ストレスは胃にくる。そう実感したのは、家庭と仕事との両立が深刻な問題となった三十代半ばのことだった。胃の不調を感じて人間ドックに入り、軽い気持ちではじめて胃カメラを飲んだ。正確に言えば、胃内視鏡検査（経口《けいこう》）である。

黒い管《くだ》がのどにつかえて激しい嘔吐《おうと》感がつきあげてくる。病院中に響き渡るような奇声をあげ続けた。「終わりましたよ」と言った男性医師の口元がかすかに笑っていた。幸い大きな異常はなかったのであるが、その苦しさと恥ずかしさで、二度と胃カメラは飲まないと心に決めた。

ただ、何の因果か、還暦を越えて、再び胃カメラ検査を受けることになった。老齢による消化機能の低下であろう。胃もたれが続くようになり、毎年受けている人間ドックに胃カメラのオプションを付けたのである。

その決断を強く後押ししたのは、以前よりは管がかなり細くなっているらしいという情報であり、また、経口ではなく経鼻《けいび》、すなわち鼻から入れる楽な方法があると知ったからである。

この判断は正しかった。多少の違和感はもちろんあったものの、嘔吐の声をあげるようなことはなく、検査は粛々《しゅくしゅく》と進んで終了した。ただ、やはりストレスによると思われる胃壁の荒れは少しあったようで、正しい食生活をするようにというお達しがあった。

言われるまでもないことである。ひとたび病気になったときのことを思えば、暴飲暴食などしていられない。腹八分目がよいのである。

『菜根譚』も、病のときを想像してみようという。もしも病気になったらと考えてみれば、自堕落な生活も改まるだろうというのである。

「色欲《しきよく》が火のごとく盛んであっても、ひとたび病気になったときのことを思ってみれば、たちまち興味もさめて冷え切った灰のようになる」と。

男女関係やお酒で人生をしくじる人も多いが、ひとときの欲望で人生を棒に振ってはならない。もし欲望があらわれそうになったら、病になったときのことを考えてみよう。病院のベッドに伏せって、味気ない食事を口にすることを思えば、おのずから欲望を制御できるだろう。

また、『菜根譚』はこれに続いて、名声と利益についても「飴《あめ》」を引き合いに出してこう言っている。

「名声と利益を求める気持ちが飴のように甘くても、ひとたび死ぬときのことを考えてみれば、たちまち味わいもなくなり、まるで蠟《ろう》を嚙《か》むような味気なさとなる」と。

今度は、死んだときのことを考えてみようという。飴のように甘いと感じる名声や利益も、死んでしまえば何の味もない。あの世まで持っていくことはできないのである。

『菜根譚』の著者洪自誠は、病の体験があるのだろうか。人は常に死を憂え病の苦痛を思うことが大切だという。そうすれば、欲望や名利《みょうり》という夢幻《ゆめまぼろし》のようなことを消し去って、真の道徳心を成長させることができると説く。

人常《つね》に死を憂《うれ》い病《やまい》を慮《おもんぱか》らば、亦《ま》た幻業《げんぎょう》を消して道心《どうしん》を長《ちょう》ずべし。（『菜根譚』後集二四）

（人は常に死を憂え病の苦痛を思えば、欲望や名利という夢幻のようなことを消し去って、真の道徳心を成長させることができる。）

少しの想像力があれば自制でき、余計な失敗をしないですむ。想像力は本当に大切である。

小生も、このたびの経鼻胃カメラ検査の前、想像力をいかんなく発揮した。もし潰瘍《かいよう》があったら、もしピロリ菌がいたら、もし入院・手術になったらと。

検査室に入ると、いかにも優秀そうなお姉様が二人いて、テキパキと作業は始まった。問答無用で左の鼻から管が入ってくる。いよいよのどにさしかかって、やや苦しさを感じたその刹那《せつな》、お姉様が「はい、一番苦しい所はもう過ぎますよ」とやさしくおっしゃった。まるで観音様の慈悲の声。確かに、それからストンと胃に入る感じが分かった。

十分ほどであっけなく検査は終わり、もし異変があれば実施すると予告されていた生検《せいけん》（組織検査）もなかった。

想像力は、天が人に与えた大切な能力である。わが身を救ってくれるこの能力を充分に活用しようではないか。

適度な心の空間に神が宿る

名曲「神田川」は、わずか三分で完成したという。

制作締切日が迫る中、ようやく詞を書き上げた喜《き》多《た》條《じょう》忠《まこと》が南こうせつに電話で詞を伝えた。ファックスもメールもない時代である。

「貴方《あなた》は　もう　忘れたかしら……」と、南はその詞を手元にあったスーパーのチラシの裏に書き留めていく。聞くそばから旋律《せんりつ》が浮かび、サビの「若かった　あの頃……」では詞を書きながら声を上げて歌い、電話を終える頃には、もう曲ができあがっていたという。

まさに神が降りてきた瞬間であろう。そのわずかな時間が音楽家の人生を変え、日本の音楽史をあざやかに彩ることとなったのである。

この曲をはじめて聴いたとき、田舎の高校生だった小生には、学生運動も同棲生活も遠い世界のできごとであったが、神々しい賛美歌を聴くような強い衝撃を受けた。小生の通っていた高校では、「百人一首」をすべて暗記する習わしになっていたが、小野小町《おののこまち》も紀貫之《きのつらゆき》も崇徳院《すとくいん》も吹っ飛んでしまったのである。

創作活動、芸術活動、文筆活動には、こうした奇跡とも言える瞬間があるのだろうか。明治時代の文豪の直筆原稿を見ると、何度も推敲を重ねたものもあれば、ほとんど推敲の跡のないものもある。

こうした観点から名作を振り返ってみるのも興味深い。『論語』はどうか、李白《りはく》や杜甫《とほ》の詩はどうなのか。孔子の言葉は、おそらく即興で弟子門人たちに語ったものであろう。漢詩には平仄《ひょうそく》や音韻などの細かいルールがあるので、どうだったか分からないが、着想が湧くのは一瞬だった可能性はあろう。

今はワープロで、完成形しか残らないから、その過程は分からないが、天才とは、まさに「天」から降りてきた曲や文章を、ただ口にし、ただ清書するだけなのかもしれない。しかしそれでも、それを受け入れる心の環境が整っている必要はあろう。そうした精神状態の大切さについて、洪自誠の『菜根譚』はこう述べている。

人生　太《はなは》だ閑《かん》なれば、則《すなわ》ち別念《べつねん》窃《ひそ》かに生じ、太《はなは》だ忙《ぼう》なれば、則ち真性《しんせい》現《あらわ》れず。

（『菜根譚』後集一一八）

（人生は、あまりに閑《ひま》すぎるといつの間にか雑念が生じてくるし、あまりに忙しすぎると本性《ほんせい》を発揮できない。）

忙しすぎず閑すぎずという適度な心の環境である。時間がありすぎて心がむなしくなれば雑念が入り込んでくる。逆に、忙しすぎて心に余裕がなくなれば自分を見失い、それ以上もう何も入ってこない。

こうした場合、もし老荘思想なら、心を「無」にせよと説くだろう。しかし、それも頃合いが大切で、雑念を払おうとしすぎて、意欲や情熱まで冷めてしまっては仕事にならないであろう。

器《うつわ》にたとえれば、何かが入ってくるためには、適度に空いている必要があるものの、そもそも底が抜けてしまっていてはどうしようもない。

ではどうすればよいのか。一つの方策は、自分なりのルーティーンを持ち、この適度な心の空間を作ることだろう。

ラグビーの五《ご》郎丸《ろうまる》歩《あゆむ》選手は、ゴールキックの前、少し下がって腰をかがめ、まるで呪文を唱えるかのように両手の指を腕の前で組む。プロ野球のイチロー選手は、バッターボックスに入ると片手でバットを垂直に立てて投手の方を向き、片袖をつまむような仕草をした。名選手にはこうしたルーティーンがある。

それを必ず行うことによって、適度に心を静め、キックやヒットのイメージを作るのだろう。それによって心のスイッチが入る。見事なゴールキックが決まり、クリーンヒットが生まれる。

ささやかなルーティーンは小生にもある。誰よりも早く研究室に入り、お湯を沸かす。オーガニックのコーヒー豆を電動ミルでひいてコーヒーをいれる。みずから監修した「日めくり菜根譚」をめくって今日の一言を確認する。カップ片手にパソコンを立ち上げる……。

心のスイッチが入るような気がする。ただ、そう簡単に神は降りてはこないのであるが。

おだやかな風と波の中に人生の真実を見る

イギリス船籍のバルチック号という客船があった。明治四十三年（一九一〇）、この船でニューヨークからイギリスに渡った漢学者西村天囚《てんしゅう》は、二万四〇〇〇トンという巨船の客室で少しも揺れを感じることなく、本当に船は進んでいるのかと疑問に思ったという（『欧米遊覧記』）。

同じような経験を小生もしたことがある。北海道から島根への転勤が決まり、さてどうしようかと考えた。鉄道を乗り継いで行くか、それでは何日かかるか分からない。では飛行機にするか、それでは貯金が底をつく。悩んだ末に、小樽《おたる》からフェリーで舞鶴《まいづる》へと渡ることにしたのである。乗り慣れた自家用車を売却するに忍びなかったのも一因である。

釧路の宿舎を引き払い、北海道を東から西へ、帯広《おびひろ》、札幌経由で小樽まで四八〇キロを走破した。

港町小樽で一泊。運河を散策した後、いよいよ朝十時にフェリーに乗船した。車をバックで入れるのをはじめて知り、運転の苦手な小生は苦労した。

出港してしばらくは景色を楽しんだが、積丹《しゃこたん》半島を回って外洋に出ると、もう陸地は見えなくなった。鉛色の荒れる日本海を知っていたので、船酔いを心配していたのだが、予想外に静かな日本海を進んで行く。本当に船の中なのかと錯覚するくらい静かな航海であった。

その日は船中泊で、海以外は何も見えない。舞鶴に到着したのは、翌日の夕方だったから、三十時間余りの航海ということになる。北海道での暮らしを振り返り、これからの生活を思うには絶好の時間と環境だったと言える。

はじめての学生たちに満足な論文指導ができず、自身の無力を知った日々。まつげも凍る厳冬の中、学生たちと熱い議論を交わした日々。初夏を迎えると生命の息吹《いぶき》が一斉に燃え上がる自然。それらが駆け出しの教員にとっていかに貴重な体験であったのか。それを静かな船の上で実感した。

人生の真実を知るための境地を、洪自誠の『菜根譚』も次のように言っている。

風《かぜ》恬《やすら》かに浪《なみ》静かなる中に、人生の真境《しんきょう》を見る。

（『菜根譚』前集二二二）

（風が恬かで浪が静かなところにこそ、人生の真境［真実の境地］を見ることができる。）

確かに、強風波浪の中ではものごとを考えることはできない。風も波も静かだからこそ、自分の内面を見つめることができるのである。

こうした境地は、古代中国の『荘子』も説くところで、有名な「明《めい》鏡《きょう》止《し》水《すい》」の言葉として知られる。

「明鏡」とはみがかれてくもりやゆがみのない鏡。「止水」とはまったく波立っていない水のこと。こうしたところにこそ世界の真実が映るという。

鏡は三種の神器の一つとされているように、真実を映す神聖な宝と考えられていた。波一つない水にも見事な逆さ富士が映る。しかし、その鏡が曇っていたり、水が激しく波立っていれば、世界の様子は映し出されない。

『荘子』が言うのは、鏡や水のことではない。我々の心のあり方を説いている。ゆがんだ価値観、思い込み、忖度。こうしたものが心を曇らせる。そのままでは、人生を正しく振り返り、これからの指針を立てることはできないだろう。

ただ注意したいのは、『菜根譚』が説く風と波はまったくの「無」ではないということである。

著者の洪自誠は知っていた。この世に完全な「無」はなく、心を白紙にすることは難しいと。だから、「やすらかな」「静かな」と表現したのである。

そういえば、小生の乗船したフェリーも大きな揺れは感じなかったが、船内の浴場で不思議な光景を目にした。浴槽のお湯が左右に少し揺れている。かすかな波ではあったが、ああやはり船は動いているのだと実感した。

おだやかな航海を終えて舞鶴に到着した小生は、再びハンドルを握り、ふーっと一つ大きな息を吐いて、陸路を西に向かったのである。

いただいた本性をそのままお返しする

生命と健康。それは、この数年間、世界中の人々が最も関心を寄せたテーマであろう。日々の暮らしにも仕事にも、人類は大きな変化を強いられた。苦境に陥《おちい》られた方には心よりお見舞い申し上げたい。

幸いにも小生はこれまで、命の危険を感ずるようなアクシデントに見舞われたことはないが、最初に赴任した北海道釧路では、そのあまりの寒さに、文字通り身の引き締まる体験をした。

十月に赴任してしばらくたったある日、学生たちが小生の宿舎に生活指導にくるという。厳冬の暮らしを知らない小生のために、古ぼけた木造官舎にきてくれたのである。

そこで教えられたのは、二重のガラス窓の内側をさらにプチプチで覆う「窓張り」と、水道管を口で吸って水を出す「水落とし」であった。

前者は、空気の膜を作ることによって、外の寒気の侵入を防ぎ、室内の暖気を逃がさないようにするもの。後者は、家の中の水道内に水分が残っていると、夜間の寒気で水道管が破裂する恐れがあるので、水道の元栓を閉めると同時に、蛇口から残りの水分を吸い出すという荒技であった。

この作業でずいぶん肺活量が増えたような気がする。一度だけ、卒論執筆の打ち上げで学生諸君と夜明かしし、午前四時に帰宅して水を飲もうとしたところ、水が出ない。「水落とし」をしなかったからである。水道管破裂の恐怖におびえながら、室内のストーブを全開にして、ようやく夜明け頃、水滴がぽたりと落ち出たときには、小生の目からも水滴があふれ出たのを覚えている。

後日、学生たちが再びやってきて、先生の主題歌が決まりましたという。いかなる曲かと問えば、ユーミンの「守ってあげたい」だと言う。

ともあれ、これは小生が冬の暮らしを知らなかったせいで、北国の方々にとっては何ほどのこともない。

ところで、生命や健康という大問題について、小生の専門とする古代中国ではどのように考えていたのか。少し振り返ってみよう。

まず「命」とは、生命のほか、天命、使命、寿命など、逃れられないものを意味していた。このうち、「天命」は唯一の王に対して、この世の支配者になれよと天が下す命である。ただ、いったん下った命が、その王の不徳により変更されることがあり、これを「革命」と言った。「革命」とは天が「命を革《あらた》む」という意味である。

一方、「健康」は、古代漢文には見えない語で、近代語に不案内な小生には分からないが、西洋から入ってきた「ヘルス」の意味を表すものとして普及したハイカラな言葉ではなかろうか。それまでの日本では、健康を表す語として、「元気」「達者」「丈夫」「恙《つつが》なし」などがあったように思う。

「健」は古代漢語では、強くしっかり立っている、つまり寝込んでいないという意味。左のにんべんを除くと「建設」の建になるのはそのためである。高いビルは強くしっかり建っていてくれなければならない。

これに対して、「康」はやすらかという意味。強いて違いを言えば、「健」は身体面のすこやかさ、「康」は精神面のやすらかさということになろうか。

古代の漢文に「健康」が見えないからと言って、それが軽視されていたわけではない。むしろ道徳以上に尊重されていた。中でも『孝経《こうきょう》』は、親からいただいた体をそのまま保全してお返しするのが「孝」の第一歩だと説いている。

つまり生命、健康と親孝行とは密接な関係にあった。これをさらに大きな意味に展開したのが、明代の処世訓『呻吟語』である。

心性《しんせい》、天の初めに還《かえ》り、些《いささ》かの欠欠《けつけつ》無きは、天の孝子《こうし》なり。（『呻吟語』性命篇）

（天からいただいた本性をそのままお返しし、少しの欠けたところもないというのは、天にとっての孝子である。）

これは、「孝」を身体と本性の両面から大きくとらえようとするものである。

人間は、体とともに、すぐれた心もいただいてこの世に生まれている。それをみなが大切にしようと努めれば、ほとんどのトラブルは回避できる。それこそが親孝行を超えた天と社会への孝行になるのである。

五、人生は百年のみ

言葉の贈り物

ささやかな幸せを実感できるのは、どんな小さなことでもよい、人様のお役に立っていると思えたときではなかろうか。

小生、職業柄、講演をさせていただいたり、ラジオ番組への出演をしたりすることがある。講演会場で、拙い話に熱心に耳を傾けて下さる受講生の皆様には本当に頭が下がる。講演後、こちらが驚くような貴重なご質問をいただいたり、あたたかい感想の言葉とともに拙著にサインを求められたりすることもある。

一方、ラジオ番組はリスナーの顔が見えないので、反応がまったく分からない。笑いを取ろうと下手なギャグを飛ばしても、うけているのかすべっているのか分からないので、こちらはただ顔を引きつらせて、話を先に進めるしかない。

ただ、後日、リスナーから放送局にハガキが届き、「こんな話を聞きたかった」とか、「本当に勇気をもらいました」などの感想をいただくことがある。

このときである。小生のような者でも、世の役に立っているのではないかと実感できるのは。明代の処世訓『菜根譚』も、こう述べている。

士君子《しくんし》は貧《ひん》なれば、物を済《すく》う能《あた》わざる者なるも、人の痴迷《ちめい》する処《ところ》に遇《あ》えば、一言《いちげん》を出《いだ》して之《これ》を提醒《ていせい》す。

（『菜根譚』前集一四二）

（士君子は、清貧《せいひん》の暮らしをしているから、金品で他人を救うことはできない。だが、他人が困惑しているところに出会えば、適切なひと言によってその人を迷いから目覚めさせることができる。）

そして、そのひと言は「無量《むりょう》の功徳《くどく》」になるという。ここで言う「士君子」とは、もともと中国の貴族身分を表す「士」と「君子」をあわせた言葉である。中国古代の貴族は、「卿《けい》」「大夫《たいふ》」「士」のランクで呼ばれていた。

「君子」ももとは政権に参与できるような身分の高い貴族を意味する言葉であったが、そこに道徳的性格が加えられ、あわせて、学問や徳行にすぐれた高位の人という意味で使われるようになった。

ともかく、この立派な士君子は、利をむさぼるような人ではないから、暮らしは質素。

いわゆる「清貧」となる。だから、金品で他人の困窮を救うことはできない。しかし士君子には、かわりに教養と言葉がある。他人の危急や不幸に際して、一番適切な言葉を選び、語りかけることができる。

『菜根譚』は、このように、立派な人は道徳的な言葉で他人を救うのだと説く。これは、孔子を祖とする儒教の教えである。あるいは、三千人ともいわれる門人たちを教育した孔子その人をイメージしているかもしれない。

ただ、そうした士君子の言葉を「無量の功徳」だと締めくくっている点は興味深い。なぜなら、「無量」も「功徳」も仏教用語だからである。どこかお釈迦《しゃか》様を連想させるところがある。

伝統的な中国思想や宗教はお互いに寛容であった。良いところを認め合い、共存するのである。ここも、儒教的な道徳の教えと、仏教的な功徳の思想が見事に調和していると言えよう。

では、孔子や釈迦ではない我々は、どのような心構えで暮らしていけばよいのだろうか。それは、やはり言葉の力を自覚することだろう。自分の言葉一つで、他人を苦しめることも、また救うこともできる。

そのためには、日頃から言葉を磨いておくことが大切だ。そして、ここぞというタイミングで、最適の言葉をかけるのである。

ただ、とっさの言葉かけや言い返しは苦手という人もおられよう。そのようなときお勧めなのは、じっくり文字にしてみるということだ。

家族にでもよい。友人にでもよい。また同僚や部下にでもよい。少し時間をかけて考えた言葉を紙に書いて渡すのである。何も長文である必要はない。メモや一筆箋《いっぴつせん》に一言、心を込めて書く。直接口にはできないことでも、これなら何とかなる。

それは、受け取る人へのすばらしい贈り物となるであろう。

平穏な心で見る夢は

大学生の頃、しばらく夢日記を付けていたことがあった。夢は潜在意識の表れだとするフロイトの説に興味を持ち、また、鎌倉時代の僧侶明恵《みょうえ》上人《しょうにん》に『夢記《ゆめのき》』という夢の記録があることを知ったからである。

ただ、なかなかこれは難しく、昼間の活動を始めてしまえば、夢見たこと自体をすっかり忘れることもあった。だから起きてすぐ、枕元でメモするのを常としていた。

就職してから、研究室のゼミの学生たちにそのことを思い出話として語ったところ、一人の女子学生が頬を赤らめながら衝撃の告白をした。

子供の頃の夢は、「なんだあ夢だったのかあ」という夢が多かったが、最近見る夢は「ああ夢でよかった」という夢が多いと。全員思わず吹き出した。

確かに、人は成長するに従い、さまざまなストレスにさらされ、起きているときにはもちろん、睡眠中でさえも決して穏やかではいられない。鬼上司の顔が浮かんでうなされたという方もおられよう。

昼と夜、それぞれの心の状態について、洪自誠の『菜根譚』もこう言っている。

吉人《きつじん》は作用《さよう》の安詳《あんしょう》を論ずる無《な》く、即《すなわ》ち夢寐《むび》神魂《しんこん》も、和気《わき》に非《あら》ざるは無し。

（『菜根譚』前集四七）

（善人は日常の動作が安らかであることは言うまでもなく、その睡眠中の精神もまた穏やかである。）

昼も夜も、その心が穏やかな者こそ「吉人」（善き人）であるという。現代社会ではかなり難しい境地であろう。

ただ、ここで興味深いのは、『菜根譚』が、昼の行動と夜の精神とをそれぞれ別々に述べていて、フロイトのように関連付けていない点である。昼間抑圧されていた潜在意識が夜の夢になるなどとは言っていない。これはどうしてだろうか。

古代の中国では、占いが盛んに行われていた。有名なのは、亀卜《きぼく》と易《えき》占いである。亀卜は亀の甲羅《こうら》を焼いて、そこに走ったひび割れの形で吉凶を占うもの。易占いは、筮《ぜい》竹《ちく》を使った八卦《はっけ》の占いである。それぞれ、国家の大事業、農耕、外交、戦争などの際に活用されていた。

そして今一つ、夢も重要な占いの対象であった。王の側近として専門の夢占い師がいて、王の見た夢をもとに吉凶を占っていたという。

このように、古代中国では、夢は人間の精神というよりは、天意や運命を知る手がかりとされていたのである。

やがて夢占いは廃れていくが、その名残《なごり》は続いていく。なにせ、リアルに、時にはオールカラーで映像が見えるのだから、ここに天命を感じない者はいなかったであろう。

だから、『菜根譚』が夢を天命との関係で説かないのは、かなり進んだ思想なのであるが、それでもまだ、フロイトのような精神分析の対象とするまでには至っていない。ごく単純に、心が穏やかであれば変な夢は見ないと示唆《しさ》しているだけである。

このことは、中国の科学というものを考える際にも大きな手がかりとなろう。

古代中国では、天文学も医学も高度に発達していた。日食や月食がなぜ起こるのか、その原理もすでに解明していた。それにもかかわらず、「食」（欠ける）ということに重大な天意を感じ、早く食が終わるようにと太鼓をたたいて太陽や月を励ましたのである。

また、五臓六腑の内臓についても、その位置や機能を十分理解していながら、中枢は「脳」ではなく、天を正しく受け止めた「心」であると考えていた。

つまり、中国の科学は、天の呪縛を逃れることができないまま、近代を迎えてしまったのである。だから夢も大脳生理学や精神分析学の対象になることはなかった。せいぜい、心のありようという観点から説かれるにとどまっているのである。

とは言え、小生には、フロイトのような難しい講釈よりも、あの女子学生の告白の方がはるかに胸に迫ってくる。せめて帰宅した後は、仕事のスイッチをオフにして、穏やかな心で夢を見たいものである。

人生の最大の過ちは

夏目漱石『吾輩《わがはい》は猫である』は、明治三十八年（一九〇五）、俳句雑誌『ホトトギス』に発表された長編小説で、漱石の出世作である。

なんと言っても素晴らしいのは、猫の視点から痛烈な社会批評がなされていることだ。加えて、そもそも猫が「吾輩」と称すること自体に面白みがある。

明治時代の小説、演説、講演などで、一人称すなわち自分自身をどう表現するかについて調べてみると、決して一様ではなかったことが分かる。

もともと漢文の文章語では、自称として「我」「吾」「予」などが使われていたので、硬派の漢学者は主に「我（吾）」や「我輩」を使っている。

「我輩」は、中国古典に見える漢語で、本来は、わがともがら、われらの意である。「輩」はともがら、ならび、むれの意味で、漢字の構成要素に「車」が入っているのは、もともと戦車が複数台連《つら》なって進んでいるさまを表すからだとされる。

「先輩」も古く『詩経』に見える漢語で、年齢や学問が自身より進んでいる人々の意味。「後輩」はその対義語である。

ここから後に「我輩」が一人称単数の「私」の意味で使われるようにもなった。漢語に基づく古風な言い方なので、やや尊大な感じもする。漱石の作品では、猫と「吾輩」のギャップにおかしみがあると言える。

明治時代の前半では、漢学者であるかどうかを問わず、演説では「吾輩」と自称する人が多い。やはり伝統的な漢文の影響だろうか。

ところが、明治も後半になると、演説会や講演会では、これに加えて、一人称は「私」、二人称は「諸君」や「皆さん」となる。漱石自身も、講演会では「私」と言っている。

小生の青年時代、フォークや歌謡曲の詞に大きな変化が生じた。それまでギターで

「我々は」と怒鳴り立てていた人々が、学生運動の終息とともに「私」や「僕」と自称し、「君」または「あなた」にやさしく語りかけるようになった。

つまり若者たちと社会全体との厳しい対峙という構図が崩れ、一人一人の人間を静かに見つめて男女の愛を一対一で表現するように時代が大きく変化したのである。

こうして「私」は今や確固たる一人称となっているが、かつてこの漢字に異を唱えた思想家がいた。今から二千三百年前の韓非子という人で、古代中国ではじめて「法治《ほうち》」を説いた思想家として知られる。

それまで貴族制で運営されていた国家は、人々の道徳心と相互の信頼を前提にしていた。ところが、高位高官でありながら、驚くべき不正をする人も出てくる。その多くは「私」情に基づくものであった。

「私」という漢字は、「禾」（のぎへん）と「ム」（抱え込む）からなり、一説によると、収穫した穀物を独り占めすることだという。

これに対して韓非子は、そうした独占（ム）を開く（ハ）こと、すなわち「公」が大切だと主張した。そして、そのような私を抑え、公を確立するために「法」が必須であると説いたのである。

この思想に感激した秦の始皇帝は、中国初の法治国家を樹立した。秦帝国である。
ただ、この法治は、現代の主要先進国の法治とは異なるものであった。なぜなら、その法は国が民衆を統制するための道具だったのであり、法の下の平等、三権分立、主権在民という理念などはまったくなかったからである。
しかし、韓非子が主張した「公」の重要性そのものは、その後の中国でも強く意識されていく。明代の処世訓『呻吟語』は、「私」の危うさについて次のように説いている。

人の一生の大なる罪過《ざいか》は、「自是自私《じぜじし》」の四字《よじ》に在り。　**（『呻吟語』修身《しゅうしん》篇）**

（人の一生の最大の過ちは、自《みずか》ら是《ぜ》とし自ら私《わたくし》する［自分だけが正しいとし、自分だけを擁護する］という四字に尽《つ》きる。）

たった四字の「自是自私」。これこそが人生の過ちの原因であるという。確かに、多くの不正事案は、突き詰めると、この四字にたどり着く。わが身かわいさの判断は、往々にして常識を逸脱するのである。

心に永遠を刻む

結婚届や離婚届にも押印の廃止が検討されているという。日頃、職場でさまざまな公文書や事務書類に次々と署名・捺印を求められる小生も、事務の簡略化には大いに賛成である。

ただ、はんこ（印章）には確たる意義があるからこそ、二千年以上の文化を刻んできているのである。それを忘れ去ってしまうのはいかにも惜しい。

通常は、安価な認め印を使っている方も、車や家などの大きな買い物をするときに実印を求められ、そこに刻まれた篆書《てんしょ》の字体を見て、何か感ずるところはあろう。

小生も中国出張のたびに、現地のはんこ屋で石印に篆刻《てんこく》してもらい、帰国してから自家製の印譜に押印するのを楽しみにしている。

中でも気に入っているのは、孔子の故郷山東省曲阜《きょくふ》で作った「温故知新」（故《ふる》きを温《たず》ねて新しきを知る）や「君子懐徳」（君子は徳を懐《おも》う）の印。いずれも『論語』の言葉である。また、孫子の言葉「知彼知己」（彼を知り己《おのれ》を知る）を刻んだ印も座右の銘として押すことがある。

複雑な字体は偽造を防ぐためであるが、この字体が秦の始皇帝の時代以前にまでさかのぼると聞けば、押印の際にもおのずから心がこもってくるだろう。

キャッシュレス化が進み、しげしげと見る機会は少なくなったが、紙幣にも、篆刻の印が見られる。福沢諭吉にも、樋口一葉にも、野口英世にも、その左側に「総裁之印」、裏面には「発券局長」の丸印が確認される。

「総裁」とはもちろん日本銀行総裁、「発券局」とは、紙幣の発券を担う日本銀行発券局である。押印された篆刻の印を見れば、紙幣のありがたみが増すというものである。新紙幣では、渋沢栄一、津田梅子、北里柴三郎に人物交代となるが、篆書の印は是非とも続いてほしい。

この印章とともに、後の印刷のルーツとなったものとして石刻や画像石がある。

前者は石に文字を刻んだもの、いわゆる石碑である。また、画像石は墓室内の石の壁に絵や文字を刻んだもの。これらに共通するのは、永遠を求める気持ちであろう。

後に発明される紙は、確かに便利な書写材料であったが、耐久性という点で課題がある。火や水に弱いという欠点があった。

これに対して、石に文字を刻めば、半永久的に残る。印章のように何度でもスタンプすることもでき、石に紙を押しつけて拓本《たくほん》をとることもできる。

古代の人はしみじみと考えた。この天地に比べて人間の生命がいかに短いかを。そして懸命に生きた証《あか》しとして、印章、石碑、画像石などに永遠を刻みつけようとしたのである。長久の天地と人間の生を比較して、『菜根譚』も次のように言う。「天地は永遠であるが、この体は二度とは得られない。人生はわずかに百年のみ」と。

『菜根譚』の著者洪自誠は、概算で「百年」と言ったのだろうが、今は本当に人生百年時代と呼ばれる長寿社会となった。それでも天地に比べれば、それは一瞬のことに過ぎないだろう。

では、その一瞬をどう生きるのか。続いて『菜根譚』はこう述べている。

幸いに其《そ》の間《かん》に生まるる者は、有生《ゆうせい》の楽しみを知らざるべからず。亦《ま》た虚生《きょせい》の憂《うれ》いを懐《いだ》かざるべからず。

（『菜根譚』前集一〇七）

（幸いにこの天地の間に生まれた者は、命あることの楽しみを知るべきである。また、むなしい人生を過ごしてしまうのではないかという心配を抱く必要もある。）

まずは、命あることへの感謝である。この世に生を受けたことは、それ自体大きな奇跡だとも言える。それに感謝し、大いに楽しもうというのである。

そしてもう一つ、だからこそ虚《むな》しい日々を過ごしてしまわぬよう、憂いを抱く必要もあると言う。命を受けた奇跡を自覚せず、だらだらと日を送れば、たちまち生の炎は消えてしまうだろう。

何も今からあわてて篆刻を練習したり、石碑を建てたりする必要はない。自分だけのささやかな永遠を心の中に刻みたい。

貞節な人に下る幸せ

絵心のない小生は、美術の時間が苦手であった。人物を描《か》けば火星人になるし、近所の公園をスケッチしても遠い異国の風景かと言われた。

ただ一度、優秀作として学校の廊下に張り出されたことがあった。小学校の遠足で、近くのお城を写生したときのものだ。

遠近法もわからぬまま、構図もでたらめな絵であったが、天守閣を支える石垣が一色には見えず、それぞれの石の色が微妙に異なっているのではないかと思い、二十四色の絵の具を総動員して石垣一つ一つを塗り分けたのである。

美術の先生は、それを奇抜なことと感じて廊下に張り出したのであろう。しかし、級友たちからは、そんなことがあろうはずはない。「カラー石だ」とさんざん冷やかされた。以来、絵画にはひどいコンプレックスがある。コンサート会場には足を運んでも、美術館の敷居は高かった。

ところが先日、古書店で、一冊の高価な図録を購入した。小生の心をとらえて離さない絵があったからである。

それは、横山大観《たいかん》の「無我《むが》」という作品であった。明治三十年（一八九七）の作。現在、東京国立博物館所蔵。

あどけない男児が体に余るだぶだぶの和服を着て、どこを見るでもなくぼんやりたたずんでいる。背景には雪解けの川の流れと猫柳《ねこやなぎ》、足もとには菫《すみれ》の花。

解説によれば、仏教の根本思想を描いたものだという。仏教思想や美術史にうとい小生には、詳しいことは分からぬが、ただちに連想されたのは、『菜根譚』の次のような言葉であった。

貞士《ていし》は福を徼《もと》むるに心《こころ》無し。天は即《すなわ》ち無心《むしん》の処《ところ》に就《つ》きて其《そ》の衷《ちゅう》を牖《ひら》く。

（『菜根譚』前集九一）

（貞節な人は幸福を求めようとすることさらな気持ちはない。だが天はその無心であるところに対してまごころを開くのである。）

これは、大観が描いたような幼児のことを言っているのではなく、正しい心を持つ人について述べているだろう。ただ、「無心」という点は共通する。

無心な人に天はまごころを開く、すなわち幸せを与えるのだという。幸福を招く条件として「無心」が大切だと説いているのである。

では、その逆はどうだろう。『菜根譚』は続いて、こう述べる。「心のねじけた人は、災《さい》禍《か》を避けようと必死に小細工を弄《ろう》する。だが天は、その作為に対して精神を奪うのである」と。

自分の心がゆがんでいるのに、必死に小細工して難《なん》を免れようとしても、天は決してそれを見逃さず、禍《わざわい》を降《くだ》すのだという。

これは、中国古来の「天」の思想を背景にしているであろう。

「天」という漢字は、人が両手を横に広げた「大」という字の上に「一」を加えた形である。天は姿もなく、声を発するわけでもないが、世の中全体を常に監視し、人の所業を見つめている。時には人を戒め、時には人を助けてくれる。そんな偉大な存在に対して、人は謙虚にならなければならない。

大観の描いた童子は、この「無」の境地を見事に表している。

ところが、人間は、なかなかこの境地に達することができない。いや、誰しも幼少の頃には持っていたこの境地を、成長するに従って忘れてしまうのだ。

購入した図録をめくっていくと、「屈原《くつげん》」という作品も目に飛び込んできた。屈原とは、中国戦国時代の楚《そ》の人。王族の出身であったが、讒言《ざんげん》により左遷され、長江の支流汨羅《べきら》に身を投げて亡くなった。

東京美術学校第一期生として入学した大観は、校長・岡倉天心《おかくらてんしん》の指導を受けて助教授に就任したが、怪文書のため天心が罷免《ひめん》されたのに伴い、自身も辞職した。天心の境遇を屈原に重ねて描いたレクイエムが「屈原」であったとされる。

この大作が完成したのは、「無我」の一年後。無心の境地でたたずむ童子と、政争に敗れ悲痛なまなざしで汨羅の淵をさまよう屈原。あまりに対照的な二枚の絵は、人間とは何かと問いかけているかのようである。

読書案内

前編　『孫子』と『貞観政要』

湯浅邦弘『孫子・三十六計』（角川ソフィア文庫、二〇〇八年）

『孫子』の入門書。平易な現代語訳、書き下し文、返り点付きの原文、解説を掲げる。ともかく孫子兵法の言葉にはじめて触れてみたい場合にはこの本から。また、中国兵法のエッセンスを三十六の計謀にまとめた『三十六計』も収録。中国伝統の英知を凝縮した二つの兵書を同時に味わうことができる。

湯浅邦弘『孫子の兵法』（角川ソフィア文庫、二〇一七年）

孫子の兵法のエッセンスを、「作戦の立案とは」「将軍の資質とは」「兵士を鼓舞するには」など二十の講話としてまとめ、また、『孫子』以降の中国兵法の展開や中国の戦争神について解説する。巻末に、兵法用語や兵書名を簡潔に説明した「中国兵法小事典」付き。

蜂屋邦夫・湯浅邦弘『老子×孫子――「水」のように生きる』（NHK出版、二〇一五年）

NHKテレビ「100分de名著」テキストの別冊として企画されたもの。道家思想の『老子』と兵書『孫子』とを「水」をキーワードとして対照させながら解説。老子と孫子の架空対談も載せる。

湯浅邦弘『貞観政要』（角川ソフィア文庫、二〇一七年）
徳川家康や明治天皇も愛読した帝王学の白眉『貞観政要』の入門書。「明君の条件」「創業か守成か」「かけがえのない人材」など九つの章に再編して、それぞれ平易な現代語訳、書き下し文、返り点付きの原文、解説を掲げ、巻末に、「関係略年表」「テキスト解説」「主要登場人物解説」「主要語句索引」を付す。

後編　『菜根譚』と『呻吟語』

湯浅邦弘『菜根譚』（角川ソフィア文庫、二〇一四年）
平易な現代語訳、書き下し文、返り点付きの原文、解説を掲げた『菜根譚』の入門書。巻末に主要語句索引を付す。『菜根譚』にはじめて触れる人、原文を分かりやすく読みたい人はまずこの本から。

湯浅邦弘『菜根譚――中国の処世訓』（中公新書、二〇一〇年）
『菜根譚』を処世訓の最高傑作として解説する入門書。「人と交わる」「幸せと楽しみ」「学びと教え」など六つのテーマに分けて『菜根譚』の主な条を読み、その名言を取り上げて解説する。また、中国処世訓の歴史を古代にさかのぼって概説する。

湯浅邦弘『菜根譚×呻吟語――成功から学ぶのか、失敗から学ぶのか』（ＮＨＫ出版、二〇一七年）

ＮＨＫテレビ「１００分de名著」テキストの別冊として企画されたもの。『菜根譚』と『呻吟語』とを中国の二大処世訓として対比しながら平易に解説。『菜根譚』の著者洪自誠と『呻吟語』の著者呂新吾との架空対談も載せる。

湯浅邦弘『呻吟語』（角川ソフィア文庫、二〇一七年）

『呻吟語』の主な条ごとに、平易な現代語訳、書き下し文、返り点付きの原文、解説を掲げる入門書。巻末に、『呻吟語』をめぐる解説「『呻吟語』と『菜根譚』」「呂新吾と科挙」、および「関係略年表」「参考文献」を載せる。

荒木見悟『呻吟語』（講談社学術文庫、一九九一年）

『呻吟語』の訳注書。巻末の解説は、特に呂坤の思想と陽明学についての説明に特色がある。また、呂坤略年譜を付す。

おわりに

本書は、二つの月刊誌・季刊誌の連載原稿を基にしている。『菜根譚』『貞観政要』『呻吟語』に関わる原稿は、みずほリサーチ&テクノロジーズの月刊誌『Ｆｏｌｅ《フォーレ》』に、「人生のしずく『菜根譚』」「リーダーの道しるべ『貞観政要』」「魂を揺らすことば『呻吟語』」として令和二年（二〇二〇）から五年（二〇二三）にわたって連載したもの。

また、『孫子』の原稿は、自然総研（池田泉州ホールディングス）の季刊誌『トイロビジネス』に「古典に学ぶ仕事術」として令和三年から五年にかけて連載したものである。

いずれも、筆者の大阪大学在職最後の数年間に執筆したもので、また新型コロナウイルス感染が世界的な大問題になっていた時期にもあたっていた。そうした世相を反映している部分もある。現在、コロナ問題はおおむね終息しているようであるが、時代の証言としてそのままの記載を残すこととした。一方、中国古典の魅力を身近な話題に結びつけて平易にお伝えしようと努めた結果、これ以外の時事的な話題でやや古くなっているものもある。この点のみ最小限の修正を行った。

また、それぞれの連載は特に脈絡はなく、その時々に感じたことを思いのままに執筆したものであったが、本書では、それを前編と後編に大別した上で、さらにいくつかの章と節に再構成している。副題にある通り、全体では六十の言葉となった。

本章の刊行についてお声かけいただいたのは、ＮＨＫ出版の加藤剛氏である。加藤氏には、ＮＨＫテレビ「１００分de名著」の放送用テキストの作成で大変お世話になって以来、長くご厚誼《こうぎ》をいただいている。このたびも、連載原稿をそのまま掲載順に並べるのではなく、このような構成と配列をご提案いただき、命を吹き込んでいただいた。心より御礼申し上げたい。

湯浅邦弘

編集協力　湯沢寿久
校閲　山崎香織
DTP　山田孝之

湯浅邦弘 ゆあさ・くにひろ

1957年、島根県生まれ。
大阪大学名誉教授。大阪大学大学院文学研究科修了。博士(文学)。
北海道教育大学講師、島根大学助教授、大阪大学助教授、
同大学大学院教授を歴任。専攻は中国思想史。
著書に『菜根譚』『孫子・三十六計』『貞観政要』『呻吟語』
(以上、角川ソフィア文庫)、
『菜根譚』『論語』『諸子百家』(以上、中公新書)、
『別冊NHK100分de名著 老子×孫子』(共著)、
『別冊NHK100分de名著 菜根譚×呻吟語』(以上、NHK出版)など多数。

NHK出版新書 722

中国古典の生かし方
仕事と人生の質を高める60の名言

2024年6月10日　第1刷発行

著者　湯浅邦弘 ©2024 Yuasa Kunihiro

発行者　江口貴之

発行所　NHK出版
〒150-0042 東京都渋谷区宇田川町10-3
電話 (0570) 009-321(問い合わせ) (0570) 000-321(注文)
https://www.nhk-book.co.jp (ホームページ)

ブックデザイン　albireo

印刷　新藤慶昌堂・近代美術

製本　藤田製本

Printed in Japan ISBN978-4-14-088722-6 C0295